思想史の中の日本と中国

【第Ⅰ部】歴史の「基体」を尋ねて

孫歌［著］／鈴木将久［訳］

東京大学出版会

本書は上海交通大学出版社と東京大学出版会との共同企画として出版される。刊行にあたり、中華社会科学基金の助成を受けた。

Japan and China in a History of Thoughts, Volume 1, by Sun Ge
First Chinese edition was published by Shanghai Jiaotong University Press.

Japanese translation rights arranged between Shanghai Jiaotong University Press and University of Tokyo Press, as a joint publication project.

Publication grant was supplied by Chinese Fund for the Humanities and Social Sciences.
Japanese translation by Masahisa Suzuki

University of Tokyo Press, 2020
ISBN 978-4-13-010148-6

思想史の中の日本と中国　第Ⅰ部・目　次

第Ⅱ部　歴史と人・主要目次

訳書凡例

一、本書は、孫歌著『思想史中的日本与中国』（上海交通大学出版社、二〇一七年）の全訳であり、日本語版の出版にあたり原著の第一部と第二部に対応して二分冊とした。なお各分冊巻頭の序文「日本の読者へ」は本訳書のための書下ろしであるが、それと内容的に重なりがあると思われた原著序文は、本訳書では省略した。

二、翻訳にあたって漢字字体は原則として日本の当用漢字を用いたが、日本語を原典とする引用文については一部原典ままの字体（旧字体）を用いた。

三、断りがあるものを除き、引用文における傍点（強調）は、引用原文による。

四、（　）は、原著もしくは引用文献の著者による説明（原注）を示し、〔　〕は、訳者による訳注を示す。

クリオの顔——日本の読者へ

伝えられるところでは、ギリシャ神話の九人のミューズの中で、歴史を司るクリオが最も内気だという。彼女はいつも顔の半ばを着衣で隠し、なかなか顔を見せようとしない。ミューズたちの中で、クリオは最も心を動かされず、また最も冒瀆されやすい。歴史が人々の予言のように進まないときこそ、クリオが冒瀆者をやりこめるときである。

『日本の兵士と農民』などの名作で知られる歴史家ハーバート・ノーマン(1)は、歴史のミューズへの畏敬の念をいだいて歴史随筆集を書いた。随筆で、ノーマンは自分の歴史観をこう述べた。

勇敢な行動、軍隊の進撃と対抗、政治家の演説などは、どういうものかクリオの心を動かさない。彼女を感動させると思われるのはおのおの自分の尊さに無自覚でありながら文化財の創造に貢献する人民の勤勉な努力であり、人間的愛情の伝統を注意深く守る人、または何らかの忘れられた自由をよみがえらせる人びとである。おそらくクリオに対して人が加えうる最大の冒瀆は、歴史を機械的で陳腐な常套語の連続に変えること、たとえば、ある伝統なり制度なりに「封建的」というようなレッテルを貼りつけてそれを無価値なものと片づけてしまうことである。といっても過去を鈍感で無批判な眼でもって崇拝せよというのではない。ある制度の性格をあらゆる角度から検討すること、つまり、それが他の社会的変化にともなってどんなに変化したか、またそれがかつては不都合なものであっても新しい発展の可能性をうちに潜めているならば、虐政に対抗する武器をさし迫って必要としている人びとにとっていかに大きな利益となるかということを知るべきだというのである。最もおぼつかない材料のなかからでも、鋭い眼識と倫理的勇気をもった人びとは驚くほどの利益を汲みとることができる。(2)

ノーマンは語った。歴史をふり返れば分かるように、大きな悲劇は、往々にして、指導者と民衆が時代の変化の性格と方向を測定しえなかったところから起こる。人格の高潔な人であっても、あるいは全力をつくしてある政策を実行しようとつとめたとしても、いろいろな力の複雑さを理解しなかったため、その努力が主観的願望とはまったく反対の結果をもたらすことがある。したがって、歴史を正確にとらえることは、現在に関わる重要な選択である。政治家であれ、普通の人々であれ、現実の中で行っている大小の決断で、さまざまな力の関係を捉える能力を求められないものはない。こうした判断力と理解力を養う唯一の道は、歴史を正確に捉えることである。そこからノーマンは断言した。歴史的感覚を所有しなければ、たとえ多くの歴史の知識を持っていたとしても、教養のある人ではありえない。世界がうまくいかないのは、教養のある人が少なすぎるためである。

実を言うと、かつてノーマンを読んだときは、ノーマンが描き出すイギリス中世の歴史にあまり詳しくなかったため、クリオが印象的であったほかは、彼の随筆にさほど共鳴を感じなかった。私自身が思想史研究で模索、挫折、迷いを経験した後にようやく、ノーマンが歴史のミューズを畏敬したことの内在的な意味を理解し、また彼が歴史的感覚の重要性を強調した理由を理解した。さらに後になり、ノーマンの波乱に満ちた一生と早すぎる凄惨な死を知ると、彼のクリオに関する解釈が、俄然重みを持ちはじめた。ある意味では、ノーマンは、歴史家として、卓越した歴史家たちの共通認識を述べただけだったかもしれない。しかし、たとえこの共通認識が各種の史料に長期間沈潜しなければ獲得できないもの、つまり誰でも会得できるものでなかったとしても、他方でノーマンのこの論述が彼の中で最も賛嘆すべき点でなかったとしても、カナダの外交官として第二次世界大戦後期から極東情勢に介入したノーマンの現実の境遇を考えると、この共通認識には深い意味が込められた。ノーマンは生命の最後の瞬間まで現役の外交官であったが、アメリカCIA主導の長期にわたる監視と、マッカーシズムが強まる中の理不尽な審査を受け、さらにそのせいで多方面、とくに世論からの懐疑と誹謗をこうむり、最後には抗議の自殺を選択した。こうした耐えがたい個人の経験と、彼の人生後期に書かれた「クリオの顔」が融合したとき、歴史のミューズ

（1） ハーバート・ノーマン（一九〇九―一九五七）。日本生まれ、カナダ籍の外交官、歴史学者。父はカナダの宣教師で、宣教のため日本に来て、長野に長く暮らした。ノーマンは子供の頃からカナダと日本を行き来し、主としてカナダとイギリスで学校に通った。ケンブリッジ大学で歴史学を専攻し、その後ハーバード大学で博士号を取得した。学生時代、マルクス・レーニン主義に深い関心を持ち、多くの左翼人士と親しんだ。一九三八年より太平洋問題調査会（ＩＰＲ）に加わり、一九三〇年代末にカナダの外交官として極東に赴任し、外交活動を行った。太平洋戦争を経て、戦後は対日戦後処理に加わった。一九五〇年代アメリカでマッカーシズムが強まったとき、ノーマンは共産党員ではなかったが、太平洋問題調査会などの経歴のため、誹謗と迫害を受け、外交官としての忠誠を疑われ、また世論の批判を受けた。最後には自殺することになった。

（2） ハーバート・ノーマン「歴史随想（一）クリオの顔」、『ハーバート・ノーマン全集』第四巻、岩波書店、一九七八年、一八四―一八五頁。

に対する畏敬も、アカデミズムの歴史家が議論するような単なる歴史哲学の問題ではなくなった。ノーマンが自己の生命をかけて残した精神的遺産は、鋭い眼識と倫理的勇気を持った歴史家が、歴史の残酷さと人々の教養の喪失に直面しながら、人類の「愛の伝統」と「忘れられた自由」を守ろうとした驚異的な努力であった。重要なのは、彼がどれほど精神的苦難に耐えたかではなかった。歴史を書く中で、彼が自己の憤懣や冤罪を直接的に投影させることなく、個人の不遇や不幸を超越して、個人の境遇を、虐政を分析する洞察力へと転化させ、歴史家として文化的な豊かさを生み出そうとする大志と奉仕の精神を守ったことであった。

私は本書を書いているとき、ノーマンおよび「クリオの顔」を思い出していたわけではなかった。しかし本書を書き終えたあと、ふとした偶然で『ハーバート・ノーマン全集』第四巻を手にしたとき、突然、この本はノーマンのような歴史家に捧げたものであるという感覚が生まれた。

本書は溝口雄三の中国思想史研究の認識のあり方について論じたものである。分析の対象においても、また問題意識においても、ノーマンと接触点はない。のみならず、ノーマンが博引旁証で史料分析を行ったのと異なり、本書は「研究の研究」であり、史料を直接的な出発点としていない。本書の目標は思想史の認識のあり方について議論を一歩進めることであった。ただし、認識の議論が通常は抽象的な次元で行われるのと異なり、本書が提起した認識のあり方をめぐるあらゆる問題は、中国思想史研究の個別の経験の分析、とくに溝口の研究に見られた「形而下の理」という思考を通じてのみ展開しえた。それが本書の研究の対象であると同時に、研究の原動力および研究の方向性であった。

しかし、最も根本のところで、本書はノーマンの歴史の視野と共鳴しえると私は信じている。ノーマンは、歴史学とは人類社会がいかに変化したかを研究する学問であると確信していた。変化への敏感さと変化への深い洞察は、レッテルを貼りつける粗暴なやり方では手に入らない。まして歴史の理解は永遠に、相互に矛盾する認識の中でゆっくりと深化させるしかないものであり、究極的な解釈は存在しない。こうした基本的認識を持ったため、ノーマンは固定化されたあらゆる観念に疑いを持った。それはまさに私が溝口雄三の思想史研究から読み取った歴史感覚であった。史料を処理するとき、溝口は「生命を本とする」ことを堅持した。生気に満ちた生命だけが、歴史の変化を表せるからである。ここで言う「生気に満ちた生命」とは、決して直観的な意味における個体の生存の形態を指しているのではない。それが意味したのは、人類の精神生活の苦悩やためらい、人間性の不確定な状態などといった要素を、歴史の脈動を透視する視角へと転化させ、その視角を通じて歴史の脈動の波長を捉えることであった。それゆえ、それは必然的に、経験の次元において展開し、経験の形態によって現れるが、経験に回収されることはありえなかった。このような視野を持つと、観念も現れ方が一変する。歴史経験が変化するにしたがってつねにそれ自体の意味が増減することになり、概念の間の関係が変化するにしたがって思想構造における自身の位置を調整することになる。こうした思考の空間においては、変動する経験から遊離して自足する抽象的観念は、どのようなものであれ、立脚の余地がなくなる。

かつて私が最も困惑したのは、溝口の『中国前近代思想の屈折と展開』の上論はどうして李卓吾を手がかりに論述が進められたのかであった。溝口は上論を李卓吾の伝記にしなかった。すなわち彼は、伝記を書くように、李卓吾の生涯を通じて彼の思想の歩みを述べなかった。彼はただ李卓吾の生命の過程から「已むを容れざる」を核心とするいくつかのカギとなる感情の体験を取り出し、その体験を時代の思想の中に置いて、社会史的意義を深く掘り下げた。どうしてこのように思想史を書いたのだろうか。私自身も『焚書　続焚書』を読んだ後にはじめて理解できた。この著作において体裁としては最も「思想史の規範に合致していない」上論こそが、溝口の一生の中国思想史研究の基本的な認識のあり方を凝縮していた。

明末の思想家の中で、李卓吾は観念によって位置づけることが最も難しい。彼が中国思想の早すぎた近代性を代表しているということ、あるいは彼を明末の反封建、個性称揚の思想家だということ、これらはいずれも李卓吾の著作に根拠を見出すことができない。現代に使われる観念を李卓吾に当てはめても、彼とその時代を理解する助けにはならない。溝口は李卓吾の感情体験から着手しようと試みたが、それはまさにこうした固定化された観念を避けるためであった。しかし、李卓吾の感情体験とは、生存の経験を直観的に描いたものではなく、生命の形で「形而下の理」を論じたものであった。あたかも五〇〇年以上前に、李卓吾は、後に広まる「形而上の理」の限界を意識し、一生涯その時代において、生命の経験から遊離した儒教の教条と生気を保った儒家思想の差異を弁別し、穿衣吃飯（着ること食うこと）といった日常の「人倫物理」を余すところなく思想命題へと転化させる道具を苦労して探し求めていたようであった。この探求によって、李卓吾は「人倫物理において真空を識る」境地に向かうことになり、溝口は「立論しない」を生涯の著述の基本的な方法とすることになった。

本書の問題意識は以下のようなものであった。溝口雄三はどうして生命の経験そのものの混沌とした性格を、中国前近代思想の社会史に分け入る手がかりとしたのだろうか。彼はどうしてすでに東洋化されていた西洋の理論だけを用いることに満足せず、また島田虔次など思想史の大家による中国思想を西洋化された世界解釈の枠組みに入れる努力にも満足しなかったのだろうか。世界史の近代像が中国に位置を与えていなかった歴史的時代において、島田虔次の中国思想史研究が東洋からの抗争を意味していたことは、認めざるをえない。しかし同時に、島田は後世に未完成の課題を残した。中国に西洋的な近代の要素があることを証明すればするほど、その要素が断片的で、不完全であることを認めなければならなくなる。この思考の延長線において、中国が近代に向かう道、すなわち西洋化の道は、必然的に「挫折」する。これは島田が困惑した点でもあった。もし西洋近代の基準によって中国の歴史のベクトルをはかるとしたら、混沌の中から内在的な生命の歩みを取り出すことは、いかにして可能になるだろうか。

ノーマンは「クリオの顔」で、アレクサンドロスがゴルディウムの結び目を断ち切った話を例として、熟考に値する問題を提起した。突破できない難題を、「快刀乱麻を断つ」ように簡潔に破ることは、一見すると有効なようだが、じつは問題の要点を避けているのみならず、往々にして、解決しなければならない問題をかえって悪化させることになる。

クリオがなかなか顔を見せようとしないのは、歴史とはまさに簡単に破ることのできないゴルディウムの結び目のようなものだからではないだろうか。

かつて溝口を困惑させた問題は、現在でも私たちを困惑させ、中国社会を困惑させている。中国の歴史の歩みは、今日でも全面的に西洋化できない「挫折」に直面しているように見える。しかし全面的肯定をするにせよ、全面的否定をするにせよ、どちらも一つの基本的な事実を解釈できない。たしかに巨大な代価を支払ったものの、またさまざまな解決困難な苦境に直面したものの、中国は今日でもなお衰退、没落していない。その内在的ロジックは、おそらく光り輝くものではないが、賛成もしくは反対の態度で簡単に処理できるものでもない。中国の歴史の解釈において、どうしたらクリオの顔を見ることができるだろうか。私たちが習慣的に快刀乱麻を断つ正誤の基準によって価値判断をするとき、歴史は私たちとすれ違うのではないだろうか。

溝口は中国が前近代から近代に向かったゴルディウムの結び目を前にして、大きな忍耐力を発揮した。彼は李卓吾の生命の体験を思想史の基本的な認識の枠組みにして、中国史のロジックを再構築した。しかし李卓吾の赤裸々な私欲を核心とした「童心」がイノセントな純粋物でなかったのと同じく、彼のロジックも倫理学的な勧善懲悪の機能を果たすことはなかった。溝口は白黒の二色で中国の歴史に判断を下さなかった。彼の長いスパンの歴史の眼差しは、歴史特有の混沌とした性格を見据えていた。

ノーマンはかつて自らの生命によって「人類の愛の伝統」と「忘れられた自由」を呼び出したが、それも同じように不透明なものだった。ノーマンが呼び出したのは、暴力と屈辱の中でもがく魂であった。人類はそのような魂を持ったときにのみ歴史を所有でき、人類が歴史を所有したときはじめて、肉体の欲求だけに支配される動物から区別できると、彼は信じていた。

溝口は李卓吾の凄惨な一生から、中国前近代思想の扉を開けるカギを見出した。この扉を開けると、中国の歴史は、黄河のように、澄んだ流れとはほど遠い荒れ狂う波を出現させた。溝口が呼び出したのは、歴史の河を直視し、混沌を混沌として見る心力であった。その心力があったからこそ、溝口は「素手」で中国の歴史の脈動を感知したとき、西洋理論によって快刀乱麻を断つ誘惑を拒んだのみならず、中国の歴史を美化する誘惑も拒んだ。溝口の思想史研究の意義は、中国の歴史のロジックについて提起した構造的な仮説だけにあるのではない。より重要なのは、彼が知識感覚において提起した手がかりが、私たちの世界に対する認識の仕方を変えるのに役立つことである。彼の「方法としての中国」が私たちに残したのは、混沌の中国の歴史から混沌の世界の歴史に向かう手がかりであった。ノーマンが歴史随筆集で示したように、ヨーロッパの歴史の歩みも、同じように固定化された観念に回収されえない混沌の過程であった。西欧を相対化するというときも、やはり快刀乱麻を断つ誘惑と歴史を美化する誘惑を拒まなければならないのではないだろうか。ノーマンはイギリスの歴史変遷の過程を例として、一歩一歩私たちに、西欧の歴史も同じように概念によって切断することはできず、同じように理想化できないことを教えた(3)。そうしなければ、西欧を研究するにせよ、東アジアを研究するにせよ、あるいは美化するにせよ、否定するにせよ、レッテルを貼りつける歴史叙述に対して、クリオは顔を見せてくれない。

(3) 「クリオの顔」で、ノーマンは多くの例を挙げて、歴史上のいかなる事物も観念もつねに変動するものであり、それを表面的に解釈するのは反歴史的であることを証明した。たとえば、人々は多くの場合大憲章をイギリスの自由の概念の基礎と見なしているが、ノーマンは、大憲章そのものは生まれたあと多くの修正を経て初期の意図を失ったこと、さらに一三世紀に使われた「自由」という言葉は、特殊な貴族的特権だけを表していて、人民の自由を指していなかったことを指摘した。法体系と議会制度を民主主義の最も重要な形式だとみる人々の通常の見方も、ノーマンによって疑問を提起された。中世以来のイギリスの歴史をふり返り、生まれたときには積極的な意義があった制度でも、歴史的変化の中で保守的なものに代わった例も枚挙に暇がないと、ノーマンは指摘した。「多くの人びとは自分が最も進んだあるいは最も民主的な原則であると信じるものによりかかるけれども、その時には、かれらが頼りにするその制度なり伝統なりは、すでに早くからその本来の性格を変え、将来の発展にとって邪魔になるかもしくは意味を失っているという光景をわれわれは目撃することになる」。ノーマンはイギリスないし西欧の歴史を抽象的に観念化して整理することに反対した。彼は、同じ概念でも異なった歴史的段階では異なった意味を持ち、あらゆる制度も歴史コンテクストを離れて価値を持つことはありえないと考えていた。白黒二色で政治闘争を判断するのは危険である。新旧も善と悪に簡単に切り分け意味づけることはできない。「歴史随想(一)クリオの顔」参照。引用文は『ハーバート・ノーマン全集』第四巻、一八六頁。

ノーマンは外国人として日本に向き合い、日本史研究の名著を書いた。溝口も外国人として中国に向き合い、中国思想史研究の尊い遺産を残した。国籍の異なる、この二人の外国人歴史家から、歴史に対していかに慎重に向き合うかを私は学んだ。また彼らは、異国の言語と文化を正確に捉えることが、外国研究者にとって本国学者よりも困難であることは確かだが、歴史のゴルディウムの結び目を解くことの方が、それよりも一層困難であることを、私に意識させた。私は溝口の中国思想史の著作を読んだとき、自分が中国人であっても先天的な優位は何もないと痛切に感じた。またノーマンを読んだとき、歴史家が個人の境遇を超越した倫理観を持ち続けることがいかに重要であるかを痛感した。世界史の中の中国は、私にとって、大きなゴルディウムの結び目である。しかし実のところ、近代以来の日本の数世代にわたる東洋学と中国学の巨匠が残した学術伝統も、同じように忍耐強く探ることが求められる迷宮ではないだろうか。溝口はこうした伝統の中において中国前近代の歴史の構造に関する仮説を構築し、こうした伝統が日本の知識人の世界史の眼差しを培った。本書は溝口の思想史の視野を借りて中国を論じ、また溝口の中国研究を借りて日本を理解したものである。真の意味での世界史の眼差しは、本国中心ではありえず、また国を離れた傍観的なものでもありえない。まして高い位置から見下ろすものではない。溝口が堅持した「形而下の理」において、私は思想史の中の「中国」と「日本」に出あい、思想史の中の「世界」を感じとった。つまるところ、世界ははるかかなたの彼岸ではなく、私たちの身近にあるのだ。

最後に、鈴木将久氏に心から感謝したい。彼の苦労がなければ、本書が日本の読者の前に現れることもなかった。鈴木氏は繁忙な教学と研究の合間に貴重な時間をさいて翻訳を行い、本書に中国語版以外のもう一つの生命を与えた。作者にとって、それはこの上ない光栄であり、激励である。

二〇一九年一二月、北京にて

著者

第Ⅰ部　歴史の「基体」を尋ねて

上編　中国の歴史の脈動に真を求める

二〇〇七年前後、北京の友人たちが溝口雄三の翻訳の著作集の計画を立てはじめた。この頃、溝口のいくつかの重要な著作は、中国語版がすでに出ていた。とくに『中国前近代思想の屈折と展開』は、多くの中国思想史学者の注目を集めた。この著作をより良く理解するため、日本語を解さない友人たちが、翻訳計画を立て、溝口のその他の著作をできる限り翻訳しようと試みたのだ。そして私に監訳の依頼をした。私にとって、それは難しい決断であった。私は中国思想史にあまり造詣が深くなかったので、この翻訳計画に参加するということは、手元の仕事を先延ばしして、時間を作って勉強しなければならないことを意味した。自分の研究に大きなプレッシャーを感じていた私にとって、それは非現実的な選択であった。しかし私は最終的にこの仕事を承諾した。私自身にとっても意外だったが、その後訳者と協力していく過程の中、溝口の多くの著作にしだいに入り込むにつれて、中国の宋明理学および明清思想史に関心を持っていなかった私が、強い関心を感じるようになった。おそらくはだからこそ、八巻本の『溝口雄三著作集』の訳文が完成したあとも、私の気持ちは落ち着かなかった。何かまだやり終えていないことがあり、それに決着をつけなければならないような気がしたのである。あまり望まないまま編者代表と監訳に巻き込まれてから、しだいに溝口の思想史世界に引き込まれるにいたった長い間の変化によって、私は中国の歴史の脈動の体温を感じるようになっていた。溝口は非凡なガイドとして、私に新しい世界を開いてくれた。溝口の著作の翻訳者・編者としてではなく、彼の読者として、私は、自分の読書体験を、思想史研究の栄養に転化しなければならないと感じた。

私は中国思想史研究者ではない。溝口雄三の研究領域については門外漢である。溝口の思想史研究の学術的貢献について、正面から議論をする能力はない。実のところ、私はそうすることをできる限り避けてきた。しかし日本思想史の研究者として、自分の研究において感じている困惑を保持しながら溝口の著作を読んだとき、私には馴染みのない史料や溝口が展開するコンテクストを超えて、彼特有の「構造意識」に深く引きつけられた。それは、ほとんど本能的と言うべき、経験的研究の姿で立ち現れる理論的洞察力であった。その洞察力は、理論として出現することはなかった。問題を設定し、問題を操作する手つきにおいて、その存在が暗示されるのであった。おそらくはこうした洞察力を感じたからこそ、私は非専門家という障碍を乗り越え、溝口の研究に関心を持ち、しかも溝口の研究に含まれる、私を引きつける要素をスケッチしたいという強烈な衝動を感じた。私はこうしたことを書くのに適した人材ではないが、それでも浅学を顧みず、専門の研究者ならば決してしないであろうことを試みたいと思う。すなわち、素人のやり方で大胆にも私の読み取った溝口の学術を語り、この創造性豊かな学術界の先達に捧げるのである。溝口の中国思想史研究の中の具体的な観点については、おそらく専門家の議論に任せることになると思う。実のところ、私はそれにあまり関心はない。私が関心を持っているのは、溝口が問題を追究するときに用いた視角、および彼が中国思想史を研究するときに提起した構造的な基本的仮説である。溝口が完成させることのなかった、中国の長い歴史についての構造的な仮説には、極めて豊かな学術的な見通しが暗示されている。私が中国社会の歴史と現在を解読しようとしたときの根本的な困惑について、ある種の解決をもたらす可能性があると感じた。

本編と下編は、中国語版の『溝口雄三著作集』の前書きとして書いたものをもとにしている。[1] 溝口の主要な著作を中国語に翻訳・監訳する過程において、溝口の一生の著作をつなげて考察することが可能になり、その結果、全体的な印象を持つことができた。その印象が発展して、構造的な認識となった。私が溝口を理解し直す際の具体的な論点はそこから来ている。溝口の仮説、分析、あるいは彼が一生にわたって関心を寄せた一貫する基本的な問題などは、どれも、単独で抽出して議論するならば、特別なオリジナリティはないように見える。しかし溝口の思想史研究の全体的構造の中でこうした基本的な問題を見直すと、それらは異なったポジションにおいて相互に呼応し、一糸乱れぬ有機体として結びつき、内在的構造を持つ思想世界へと人を誘う。彼が私たちに示した思想世界は、一つのオリジナルな仮説——中国歴史の基体についての構造的な解釈——によって支えられていると言えるだろう。溝口はしばしば、思想史研究とは

（1）『溝口雄三著作集』は全八巻、三聯書店から二〇一一年と二〇一四年の二回に分けて出版された。本編は前の四巻（二〇一一年）の前書きをもとにし、下編は後の四巻（二〇一四年）の前書きをもとにしている。本書に収録するにあたり、大幅な修正を施した。とくに本編は、もともとの初稿において溝口への理解が十分でなかったため、初稿はほとんど役に立たず、わずかな段落を残すのみとなっている。

歴史解釈に仮説を出すことだと述べた。私が最も関心を持つのは、彼の中国歴史の基体についての仮説がいかに形成され、いかに展開したかである。

一　飢餓感と切迫感——生命感覚が躍動していた明末

溝口雄三の最初の著作『中国前近代思想の屈折と展開』（以下、『屈折と展開』と略す）は、東京大学出版会から一九八〇年に出版された。この一般的な書き方を取らず、それゆえいささか読みづらい著作は、その後の彼の著作ほど大きな反響は呼ばなかったが、彼の生涯で最も重要な一冊である。彼の中国思想史の内在的メカニズムについての構造的な思考、思想観念の歴史性と状況性に対する読解、より重要なものとして、思想史研究に注ぎこまれた人文精神に富んだ洞察力、こういったもののすべてがこの著作に集約的に現れている。それは溝口の学術の基本的品性の要素となり、結論あるいは観点としてではなく、問題に向き合う視角、および問題を推し進めるやり方として、あらゆる分析と論述の中に潜在している。

溝口は修士時代に李卓吾［一五二七—一六〇二］に関心を持ちはじめた。彼は日本の学界の李卓吾研究を読んだ後、指導教官の入矢義高［一九一〇—一九九八］に、もし李卓吾を研究するならば何を読んだらよいかと質問したという。入矢の答えは、もちろん李卓吾の原著だというものだった。溝口は、当時求めることのできたすべての李卓吾の原著を買い求め、日夜精進した。李卓吾を正確に解するため、一字一句『焚書』を翻訳したという。

李卓吾に沈潜した結果、溝口は日本の先学の李卓吾研究に疑問を感じることになった。今までの理解しやすい李卓吾研究は、日本で誰にも疑問を持たれない西洋の近代性理論に基本的に依拠していたため、すばやく読者に受け入れられたが、彼が読み取った李卓吾の思想世界を解釈するには有効でなく、また李卓吾の時代の歴史的特徴を明らかにするにも有効でないと感じたという。こうした素朴な疑問から出発して、彼は研究者としての生涯を開始した。

　李卓吾は明末の特異な思想家である。彼を思想家と言えるかどうかですら、疑問なほどである。それは、他の思想家のように思想命題と言えるような重要概念を生み出さず、また彼の論点の多くは相互に大きな矛盾を抱えているように感じられるからである。しかし、溝口は明末の思想人物の中で彼を選び、李卓吾によって、明末清初の大変動に見舞われた中国社会を理解しようと試みた。もちろんそれが意味したのは、溝口が研究者生涯の起点において、既存の学術習慣とは異なる思考の方法を選んだことである。

　『屈折と展開』の第一章は、当たり前に見える故事から始まる。北方を遊歴した李卓吾は、過度の飢餓のため、米と黍の区別ができなくなった。飢えた彼に黍を与えた主人は「これからは、米がどうの黍がこうのとよけいな分別を起さぬことですな」と言った。それを聞いた李卓吾は、「もし自分の道に対する希求がさきほどの望食の念のようであるのなら、なんの孔と老のと択んでいるいとまがあろう」と感慨した[2]。これは李卓吾の「飢餓状態」についての論述である。彼は思想における飢餓状態を原点として、既成の孔・老・仏などすべての教義の境界を打破し、既成の道統観念の外在的規範を否定し、自己の性命の「性命の道」に深く降りていった。溝口は、このエピソードの真偽を問う必要はないと述べ、強烈な「飢餓感」が物事の境界を弁別するゆとりをなくさせることが、問題のカギだと述べた。注意したいのは、溝口が著作の冒頭において、何気ない筆致ながら、学術概念には決して入らない日常生活の感覚を二つ持ち出したことである。飢餓感と、ゆとりをなくした切迫感である。この二つの感覚こそが、溝口が明清の転換期の思想史を解釈する基調となった。明末の李卓吾の時代にあって、思想上の飢餓感は、彼一人の体験ではなかった。溝口は、彼と同時代の周汝登〔一五四七—一六二九〕、焦竑〔一五四〇—一六二〇〕、耿定向〔一五二四—一五九六〕の言説を援引して、明末の時代、現実から遊離した既成の道統観念に満足できずに、真正の天則の自然を求める思想潮流が出現したことを指摘した。それゆえ、この時代の思想人物は、しばしば「飢餓」の比喩を用いた。

溝口の探求は、ここから始まった。時代の潮流としてみたとき、飢餓感が意味したのは何だろうか。儒教・仏教・道教の境界を打破する求道の態度の背後に隠されているのは、いかなる主体意識なのだろうか。飢餓感によって喩えられる求道の態度は、境界に対するある種の意識を暗示していた。明末の思想人物がむさぼるように新たな「理」を求めたのは、既成の道統観念と社会で通用している観念が満足できるものでなく、思想の空洞が生まれていたからであった。彼らが解決しようとした問題は、道統観念の更新あるいは社会理念の改造と言うよりは、むしろ自身の飢餓の問題の解決と言うべきものであった。思想の空洞を埋めるという目標こそが、第一義であった。「飢餓」を原点として明末の思想潮流を理解することで、溝口は一つの判断を手に入れた。李卓吾の飢餓感は、米と黍を区別できずに貪欲にむさぼるほど強烈であったが、この忘我の態度は、完全に自己を失ったことを意味しているわけではなく、飢餓によって自己を失うと同時に、その忘我を見つめている自我があった。それは飢餓を自覚した自我であった。その自我が問題としたのは、飢餓によって取り除かれた三教の境界ではなく、飢餓そのものの空洞であった。つまり、

（2）李卓吾『焚書』巻三「子由解老序」、『焚書 続焚書』中華書局、一九七五年、一一〇頁。日本語訳は、溝口雄三『中国前近代思想の屈折と展開』、東京大学出版会、一九八〇年、五三—五四頁。

溝口が提起した問題とは、李卓吾を代表とする明末の思想人物は「自己の性命の落ち着きどころ」を第一義的に求め、儒教や仏教などの教義に関する議論より、自己の性命の必要を優先させたことであった。まさにそれゆえ、明末の思想にはある種の空気があり、生命に関係のない知識の議論に厳しい態度がとられた。李卓吾はこの点についてほとんど潔癖とも言える態度をとった。彼は「飢餓感」を持たない論者に軽蔑を示した。そのような学者は、学びて厭わずの真の意味をまったく理解していなく、たとえ自分では学びて厭わずだと称しても、それは虚偽であった。

「自己の性命」を起点としたことで、溝口の問題を進める方向は特別なものになった。彼は、明末の思想家の飢餓感には自我が主張されていると考えたが、その自我意識に明確な境界線を定めた。

彼らが外的規範に対して内的自己の充実を主張したのではなく、むしろ空洞を主張したとはじめに述べたのは、虚構に堕した形骸的な理による饑餓を、饑餓による空洞を、真正の理によって充塡しようとする情欲の表明に、明末人士の自己主張をみてとろうとしたからにほかならない。彼らは外的規範のリゴリズムに対する人間《ヒューマン》の解放を意図したのでもなければ、「社会理性に対して個人理性の独立化自律化」や「天理的社会に対して、人欲的社会」の自立を意図したのでもなく、また「精神にとって最も根源的なる分別」であるところの「天と人との分裂」すなわち天則からの人間の自律を意図したのでもない。彼らはそのような意味での自我を主張したのではない(3)。

溝口がここで引用した表現は、いずれも島田虔次［一九一七—二〇〇〇］『中国における近代思惟の挫折(4)』からとったものである。とくに後ろの原文は、「天と人との分裂こそ、精神にとって最も根源的なる分裂でなくてはならない」で、島田が第四章「一般的考察」で提起した核心となる観点であった。この前後の論述で、島田は、西洋の近代に依拠することにより、おのずと一つの疑問につきあたった。李卓吾は王学左派の最後の巨頭であり、彼が体現した心学の最も尖鋭な主張は、後継者がなく、李卓吾にいたって断絶した。それはなぜか、という疑問である。島田が考えるに、その理由は、李卓吾が「社会的社会に対抗する」「個人的社会」を代表したからであった。「個人的社会」とは、実のところ、伝統的士大夫によって代表される統治秩序に対立する庶民の新興階級のことであった。しかし、島田によれば、明代後期には西欧の第三階級のような自己の政治要求を持った新興階級は生まれず、庶民は士大夫文化を消費したにすぎなかった。それゆえ、王学左派とくに李卓吾は、依拠すべき社会階層を持たず、庶民のエネルギーは階級としてのエネルギーに結晶しなかった。その結果、士大夫の理念に背馳する文化批判を士大夫階層の内部ですることしかできなかった。その批判は、陽明心学を経て、李卓吾において完成した。それは、士大夫階層内部のメカニズムが極度に弛緩した状況で必然的に生まれた異端であり、文化が爛熟した時期の必然的産物であった。李卓吾は、表面的な教養や皮相な風雅をもてあそぶ凡俗な文人に対して容赦ない批判をあびせ、真の人と真の情を追求し、同時に徹底的に教養を否定し、ニセの道学や不真面目な態度を痛罵した。島田によると、「何らかの意味でつねに神聖を求めるのが純粋なる精神の情熱であろうが、然もその神聖はもはや失われているところに——そして、新しき神聖が未だ与えられていないところに、逆説がおこり、玩世不恭が生まれる」(5)という。そのような判断に基づいて、島田は中国思想の内在的体系を探究しようと

(3) 溝口雄三『屈折と展開』、六七頁。
(4) 島田虔次『中国における近代思惟の挫折』(以下、『挫折』と略す)、筑摩書房、改訂版、一九七〇年。第一巻、一二頁、第二巻、一二五頁。

しながらも、思わず感慨をもらさずにはいられなかった。

すなわち中国近世の庶民が「無文樸茂」こそ人間のまさにあるべきあり方と自覚して、詩酒官場を徹底的に憎悪し、教養を徹底的に否定した、sobreな生活原理に立つこと西欧プロテスタントの如くでなかったところに、大にしては中国が畢竟して停滞の国たらざるを得なかった所以があり、……[6]

島田の名著が溝口の研究のスタートラインを高めたことは疑いない。溝口は著作の中で何度も明末の思想人物に関する島田の分析を引用している。しかし、溝口の引用は、具体的史料についての島田の分析に限られ、全体的な判断には関わらなかった。溝口と島田は別の世代の研究者であり、この二人は日本の中国学の長足の発展を表している。溝口は島田の学術分析の理路を受け継ぐと同時に、問題を進める方向に修正を加えた。前述した溝口の論述は、分析の方向における島田との差異を鮮明に示している。島田においては、明末人士が道統規範を疑ったことは、近代思想の萌芽、すなわち個人の理性の確立、天理の羈絆を脱却した人欲的社会の自立を表していた。その変化を生み出す基盤は、「天と人との分裂」、すなわち「人」が受動的に「天」に束縛されている状態から抜け出して、天を人の世界の外におくことであった。容易に見て取れるように、島田の分析の背後には、ヨーロッパを起源とする西洋近代性理論があった（島田本人も、「あとがき」の中で、彼が使った近代という語には二つの起源があると述べている。一つは内藤湖南の中国の近代は宋代に始まるという説であり、もう一つは日本で通用していた西洋の歴史段階概念であった。具体的な内容はマックス・ヴェーバーの近代精神に関する論述によっていた）[7]。近代性理論は、島田の時代のみならず、溝口の時代にあっても、強力な集団的無意識になっていた。それは学術分析の道具であっただけでなく、潜在的に価値判断の前提となっていて、だからこそ容易に伝達し、流通した。

しかし、溝口は異なった思考を打ち出した。彼が明末の思想家の「飢餓感」を強調したことは、まさにその思考のカギであった。概念分析に集中する島田の学術的方法とは異なり、溝口は生命そのもの——生きるためには食べねばならず、それゆえ飢餓は生気のある生命にとって最も深い体験であること——を議論の起点に据えた。飢餓は観念ではなく、生々しい生命の状態であった。飢餓感から生み出される緊迫感も、同様に観念によって正確に理解されえない。議論の起点において、溝口は、西洋近代性理論を含む観念的な推論を重要な位置から外した。いわゆる「近代精神」を前提としなかったのみならず、それを基本的な分析の道具にもしなかった。彼はひたすら「飢餓感」を捉え、そこから明末の時代精神に向かい、近代性理論に回収されえない歴史を描いた。溝口はこう書く。

明末人士のあいだで李卓吾が島田虔次氏のいわれるように「比類なく独自の存在」また particularist たりえているのは、その「殆んど西欧のいわゆる〝近代精神〟」の「いわば早すぎた誕生」がそこにみられるからではなく、彼の饑餓の自覚——虚構なる「仮」を拒否しあるべき「真」を渇望することの、その「比類なく独自」な深さをそこにみるからにほかならない(8)。

こうした分析のもと、問題は別の方向へと向けられていった。中国が明末に早すぎた近代精神を生み出したか否かを確認することは、もはや議論の目標ではなくなった。議論の核心は、飢餓感の深さの違いに

(5) 島田虔次『挫折』第二巻、一六七頁。
(6) 島田虔次『挫折』第二巻、一六一頁。
(7) 島田虔次『挫折』第二巻、二五九頁。
(8) 溝口雄三『屈折と展開』、六七頁。文中に引用した島田の文章は、島田虔次『挫折』第二巻、三〇頁、八一頁、一四三頁。

よって、同じように虚構の理を拒絶し、真正の理を求めた同時代の思想人物の中で、李卓吾がいかに独自の道を歩んだか、彼と同時代思想家の間の微妙な差異にはいかなる思想的な意味が込められているか、へと転換した。

溝口が多くの紙幅を費やして論証したのは、李卓吾において、飢餓感は、儒教・仏教・道教さらには他の教義との差異・対立を区別しないすべての外在的規範を打破する思想的立場をもたらしたのみならず、彼を最終的に「無善無跡」の真を求める境地に向かわせたことであった。実のところ、それこそが、李卓吾と同時代の他の急進的思想家との差異であった。彼らはみな「飢餓」を自覚し、自身の「空洞」状態を主張し、自己の性命を求道の基礎にし、時代の課題に対応できない道統観念に疑問を提起した。しかし他の思想家の質疑を見ると、儒家の綱常の虚偽性あるいはその内実を問いただしはしたものの、儒家の綱常倫理という前提そのものは問わなかった。それゆえ、具体的な内容を問い直す中で、彼らが問題視しない綱常倫理の前提がむしろ強化された。それに対して李卓吾においては、綱常の堅持と強化そのものが偽りの仮説であった。彼は一切の作偽を打破し、あらゆる善も跡もなく、人も己もない状態で生命の道を問いただした。それが意味したのは、彼はすでに虚偽となった儒家の道統観念を否定したのみならず、さらに進めて、すべての先行する観念を否定し、何物にも依拠しない空の状態で生命の道を求めたことであった。

前述したように、溝口は飢餓という感覚を思想史の視野に持ち込んだと同時に、もう一つの感覚を導入した。「ゆとりのなさ」である。それは身動きの取れない切迫感のことと言えよう。溝口は李卓吾を描写するとき、しばしばその状態に触れる。たとえば溝口は、李卓吾の「ただ徳がいまだ明らかならざるゆえにこそ、すべてわたしを明かすことのできる人には親しみ、己れに及ばぬ人には親しもうとしない、便佞・善柔の人はマイナスにしかならぬから親しもうとしないのです。親しもうとしないからわたしを憎む人が生じ、わたしの方も憎むようになるのは自然のなりゆき[9]」を引用し、こう述べた。李卓吾は、自分がどうしようもない飢餓状態にあると感じているので、飢餓感の無い人がゆったりと観念的な問題を扱うのにつきあってはいられない。まして未来は長くないので、いっそのこと求道における「わたしを明かすことのできる人」に近づいて、私を知ることのできない人、愚者、小人を遠ざけよう。それで誹謗されても、惜しくない。「いくばくの余命もない自分にそんな題目とつきあっている暇はない、と彼はいうのである[10]」。「彼はほとんど死と競争する思いで生き急いだ[11]」。こうした、一般的な意味を超えた、内在的な「緊迫感」のために主体が停止できない状態を、溝口は、明末思想の基本的特質へと最大限転換したのであった。溝口は、明末の思想人物がキーワードとしてしばしば使った「已むを容れざる」を著作の中心的概念にして、その概念に歴史と思想の重みと厚みを担わせた。

（9）李卓吾『焚書』「増補一・答李如真」、『焚書　続焚書』、二五三―二五四頁。日本語訳は『屈折と展開』、七三頁。
（10）溝口雄三『屈折と展開』、七三頁。
（11）溝口雄三『屈折と展開』、一〇二頁。

二 「已むを容れざる」——妥協を許さない観念感覚

「已むを容れざる」は李卓吾だけの用語ではない。李卓吾の時代、一定の範囲で共用された慣用語であった。李卓吾と耿定向との間で、「已むを容れざる」の真機をめぐって有名な論争もあった。「已むを容れざる」は、思想家によって意味するところは同じではなかったが、「抑えきれない生命の衝動」を伝えるという意味において、時代の飢餓感と切迫感を最も哲学的に昇華させたものと言える。溝口は、「「已むを容れざる」というのは、前述のごとく人間の自然をその深層の衝動においてその原初態において見ようという点で、もっとも無作為の自然態を本来性とみなすものである[12]」と述べている。「已むを容れざる」という静態的に処理することのできないキーワードこそが、「飢餓」と「切迫」を備えた明末の思想状態を絶妙に表現し、西洋近代性理論のカテゴリーでは解釈できない歴史の脈絡を切り開いたのである。「已むを容れざる」は、個人の主体性といった視角で解釈できないだけでなく、フロイトの精神分析学を応用した解釈も役に立たなかった。溝口の見るところ、「孤絶のまた無間の饑餓は、しかしいっさいの予定を拒否したぎりぎりの絶対の境のものであるため、もはや食欲の希求はわれなき自然の希求であり、われにおいてすら已むを容れざるの希求となる[13]」という。つまるところ、「已むを容れざる」は、強力な衝撃力によって、既成の現実秩序と観念の感覚に衝撃を与える。それゆえ、人々が西洋の概念を応用して問題を分析するような応用可能な概念にはなりえない。そこにはほとんど操作の余地はない。それがもたらすのは舞台であって、道具ではない。それは観念の世界の下に隠れている。さまざまな観念によって存在が暗示され、また観念世界の源泉として観念に栄養を与える。しかしもしその存在を意識できなかったら、観念は枯渇して随意に並べられるミイラとなり、生命力と流動性を失うであろう。それはまさに、李卓吾の批判した、飢餓を知らない人の虚偽の学問であった。

溝口は明代後期の理についてこう述べた。

理に対するアプローチが性命の道に由るとされ、「およそ学の目的はすべて自己の生死の根因を窮究し、自家の性命の下落《ありか》を探討することにある」などといわれるのは、明代後葉の理観が、この自家性命の四字によってもっともよく表現されるからであり、またその観点からこの性命の二字はこの時期にもっとも多く用いられたのである。あたかも中葉の理観がもっともよく心もしくは良知によって代表されうるように。(14)

これは「已むを容れざる」の特質についての最も正確な注釈であった。「已むを容れざる」は、明代後期の理観を充分に表したものであり、自家の性命は、明代後期の理の表現として、当時の思想家たち特有のリアリズムを示していた。全体的な思想潮流から見ると、明末人士は外在的な道統規範意識を拒絶し、「飢えて食を択ばず」の態度で現実と切り結ぶ理を探究し、その必然的帰結として生命そのものを思想の在処にした。のちに溝口が中国思想のキー概念を解読した一連の論文で示したように、この性命に対する

(12) 溝口雄三『屈折と展開』、八四頁。
(13) 溝口雄三『屈折と展開』、八四頁。
(14) 溝口雄三『屈折と展開』、六六頁。文中の引用は、李卓吾『続焚書』巻一「答馬歴山」、『焚書　続焚書』、一頁。

形而下的な探究は、中国思想史の特定の方向性を定めた。全体的な思想の方向性についてはあとで触れよう。ここでは議論を明代後期の理観の全体的な潮流に集中させたい。溝口が述べたように、この潮流が体現した生命への自覚は、飢餓の空洞状態への自覚であって、自我の充実の強調ではなかった。つまりこの自覚を西洋啓蒙理論の自我意識のカテゴリーに簡単に帰納させることはできない。この重要な区別をつけることで、議論を新たな方向に向けることが可能になる。すなわち、「自我意識の覚醒」に向かうのではなく、後に展開される「無我」と「無善無跡」論の基礎が作られたのである。しかしここでもう一つ強調しておかねばならないことがある。溝口が生命そのものの意味において明末の理観を解釈したとき、「已むを容れざる」という思想の飢餓感と焦燥感に基づく自我意識に依拠したため、同時に、彼の一生の思想史研究を貫く動態性が定められたことである。彼が後に使ったさまざまな概念も、動体的な生命の脈絡の中でこそ理解できる。ここで個人の「自家の性命の下落」が時代の精神的本質に転換されたとするならば、溝口が一生をかけて作り上げた中国の原理に関する仮説とは、まさにこうした極度の内在的緊張をはらんだ歴史感覚の上に作られたと言えるだろう。

歴史上の他の時代と同じく、明末人士の理に対する再検討も、経典の再解釈という方法で行われた。ただこのときの経典は、もはや儒教・仏教・道教の区別にこだわるものではなくなり、生命の道に意味がありさえすれば、飢えを癒す米になりえた。その結果、三教の区別よりも、経典によって「虚偽を弁別すること」がより重要な課題になった。溝口が挙げた例は、『孟子・万章（上）』にある、舜が自らを殺そうとした弟の象に対して怨みに徳で報いた故事であった。孟子は、殺意を隠して忸怩とした象に対して舜が兄弟の情を示したことを、「偽って喜んだ」のではないとした。孟子の解釈では、「象憂えれば亦憂え、象喜べば亦喜ぶのみ」、「彼、兄を愛するの道を以て来る。故に誠に信じてこれを喜ぶ。奚《なん》ぞ偽らん」というものであった。程子と朱子の解釈も基本的には孟子と一致していて、舜が喜んだのは兄弟の情が溢れたからで、人情天理の至上の形だとした(15)。

李卓吾も舜が示した喜びの情は真実だと認めた。しかし孟子から朱子までの喜びに対する解釈は成り立たないと考えた。この解釈が成立した場合、舜が自分を殺そうとしたのを知らなかったならば不智になり、殺される可能性があって喜んだならば不誠になり、どちらも『孟子』の叙述に符合しない。象の殺意は兄弟の情によって消えることはなく、その意味では舜の喜びは「偽って喜んだ」ものでしかない。しかし舜は象を喜ぶこと以外に方法がなかった。生き延びるためにとった「偽った喜び」は、そうせざるをえなかったという意味において、「真」であった。ただしその真は、喜びが真であったという意味ではなく、喜ばざるをえなかったことの真であった。殺されるのを避け、象を養ったという意味において、舜のやむをえない偽った喜びは正しかったという。これに関連して、李卓吾は怨みに徳で報いることにも自分の解釈を示した。彼は、怨みに報いるに徳をもってすることも「作偽」だと考えた。彼の見るところ、君子は怨みに正直をもって報い、怨みのないものにも同じように正直をもって報いる。怨みの有無を区別しない状況においてのみ、その正直は「徳」と言うにふさわしいものになる。怨みに報いるに徳をもってするとは、区別の心があるということであり、作偽になる(16)。

溝口は精密な読解を行い、李卓吾が偽を弁別する論述において、徳そのものは否定していなく、ただ事

(15)『四書章句集注』、中華書局、一九八三年、三〇四頁。
(16) 李卓吾『焚書』巻四「八物」、『焚書　続焚書』、一五九頁。

実に即そうとしているだけだと考えた。理と道に対する探究においても、李卓吾は理と道そのものは否定しなかった。彼が否定したのは、外在的であるがゆえに虚偽になり、その結果形骸化した理と道だけであった。事実に即して経典を再解釈することは、明末の厳しい現実生活のもとにあった知識エリートの課題であった。その点において、李卓吾の態度は、同時代の思想者の心の声を代表しえるものであった。宋学においては厳格に上層エリートだけのものとされていた理観が、明代中期の陽明心学の転換を経て、民衆生活レベルの良知へと転換された。日常生活の倫理の次元において、人は誰でも、自身がもともと持っている良知を表面化させ、それゆえ陽明学の意味における「聖人」になることが可能になった。良知の学は、同時に、「理」を強力に人類の自然の「気」へと推し進め、それによって、宋学における理によって自然を収斂させる考え、すなわち性によって情を収斂させる本来性一元論を、性情に合わない（すなわち自然に合わない）理を拒否する相即不二論へと変換させた。こうして意味的に再構築された理観が、明末の知識エリートに準備された飢餓の際の米となった。しかしそれだけでは腹を満たすには足りなかった。そこで明末に、「自己の性命」「吾が心の天則」を基調とする思潮が生まれた。自己の性命の在処は、個人の生活の姿であるばかりでなく、新たな理観の落ちつき先にもなった。

残念なことに、こうした思潮の主流の中で、李卓吾は歩みが早すぎ、同時代人のはるか先を行ってしまった。溝口によれば、そのために彼は「正道を歩む異端」[17]となった。あるいは、彼は同時代人より一層飢餓感が強く、ことさら満足を得られなかったので、さまざまな齟齬が生じ、その結果晩年に弾劾されたのかもしれない。なかんずく、溝口が最も注目したのは、李卓吾と耿定向との間の「已むを容れざる」に関する論争であった。それは李卓吾思想の特異性を集約的に表した。

『焚書』巻一に、李卓吾が耿定向に宛てた長文の書信が収録されている。それは厳しい語調と激烈な言辞の書信であり、ほとんど絶交状であった。たとえば、書信の中で、耿定向が誤りから覚めないのは、「多欲」だからで、「あなたはところが今、孔子を宗としながらさらに諸聖の長ずるところに兼ね通じたいと欲し、清ならんとも欲し、篤ならんとも欲し、また和ならんとも欲しておられる。聖人が継往開来する所以のところをすでに日夜となく発揮しておられるその上に、また世人が先祖・子孫に光沢を及ぼす所以のところにも、時となく繫念《けいねん》しておられる」などと述べた。(18) さらに続けて厳しく、耿定向の真に已むを容れざるところでは、官位を求めて先祖に栄誉をもたらそうとしながら、ことさらにその本心を隠して、先知先覚を自任し、それゆえ先人を継いで未来を開く大業を担っていると称している、と述べた。それは真に已むを容れざるの本心ではない。

李卓吾の不寛容な言辞は、道徳的な征伐ではない。言い換えるならば、彼が批判しているのは、耿定向の欲望そのものではない。耿定向が単純かつ堂々たる道徳的なポーズによって、現実の世俗的生活における「多欲」を隠していること、つまり耿定向が「作偽」であることを批判しているのである。同時に、思想だけに限っても、もし耿定向が孔孟の道を自分の思想の疑問の余地ない前提としていたのならば、道教と仏教をともに吸収しようとするのは、「多欲」としか言いようがない。つまり、思想においてすべてに通じようとするのは、前提を取り除くことを前提にできなかったら、やはり同じように「作偽」になる。

（17） 溝口が李卓吾の伝記に付けた副題。『李卓吾——正道を歩む異端』、集英社、一九八五年。
（18） 李卓吾『焚書』巻一「答耿司寇」、『焚書　続焚書』、三六頁。日本語訳は、入谷義高編『近世随筆集』（中国古典文学大系五五）、平凡社、一九七一年、所収の溝口雄三訳、三二四頁。

李卓吾の書信の文脈を精読すれば、この独特の思想的立場を証す充分な論拠を見出すことができる。書信の前半部分で、李卓吾は、田を耕して食を求める、家を作って安を求める、学問をして科挙合格を求める、官位について高位を求めるといった人の常情は、隠す必要がないと述べた。それゆえ、利己の心を隠して、利他の道理を高らかに語り、それによって他人を譴責するやり方は、「むしろ考えをかえしてみれば、市井の小人の、身がしかじかのことを行なえば口もそのまましかじかのことを語り、商売をこととするものはただ商売のことを語り、田作に努めるものはただ田作のことをのみ語る、という風である方がいっそまさっているというもの、この方が、直截明快で味もあり、むしろ真に有徳の言、聴く者をして厭倦《えんけん》を忘れさせるものがあるといえましょう」となった[19]。これはもちろん、口先だけの道徳的ポーズに対する批判の発言であるが、李卓吾はここから、聖人の道に対する独特な理解を引き出した。

聖人は、人が必ず能くすることを責《もと》めない、であればこそ人人はみな聖たりうる。だから陽明先生も、「満街みな聖人」と曰い、仏氏もまた「即心即仏、人人これ仏」と曰ったのです。／そもそも人人みな聖人であるということ、そのことの故に聖人が、人に垂示すべき何か格別の已むを容れざるの道理を特にもつということは、ないのです。だから「予、言うこと無からんと欲す」(『論語』陽貨参照)とも言われた[20]。

つまるところ李卓吾は、王陽明〔一四七二—一五二九〕の言うところの「満街みな聖人」を、市井の庶民の生活状態を追認する意味において街中の人を聖人と定義したとは考えず、街中の人すべてに聖人になる可能性が存在すると考えた。また士大夫にあがめられる孔子も、人に必ずしも能力を持つよう求めず、子・臣・弟・友の道を自分がまだできていないと述べたからこそ、「善、人と同じくする」境地に達することができたと考えた。言い換えるならば、孔子が子・臣・弟・友の道を極め尽くすことができないと述べたのは、その四つが世間で最も難しいからである。孔子が自分にはできないと認めたのは、偽の謙遜ではなく、真の聖であった。しかも高みから見下ろすように聖人と俗人の区別を策定したのではなかった。それゆえ人はみな聖人になれる。人がみな聖人になれるのであれば、農民も漁民もみな同じように取るべき善があることになる。どうしてことさらに孔子を学ばないと聖人になれないと言うのだ。

別の返答の文章において、李卓吾は、人の師たるべきかそれとも人の弟子たるべきかの問題について語ったとき、孔子についての見方を述べた。「孔子より以前、どうして聖人がいなかったでしょうか。政治が明らかな時に遭遇すれば、地位を得て志を行いました。不遇の時は、……誰がその人を知っていたでしょう。思うにその人もまた人に知られることを求めませんでした。孔子に至って、はじめて師と弟子という名が生まれました。孔子が喜んで人の師になったのではなく、迫られてそうしただけです。……ただ孔子は世間に従い、……ついに師弟の名目を成しましたが、それもまた偶然なのです」(21)。李卓吾が、耿定向に代表される孔子尊重の偶像化に鋭く反対したことが見て取れる。今日の言葉で言うならば、彼は孔子を「歴史化」した。歴史上の聖人が孔子だけでないならば、どうして孔子の家法だけを行う必要があるのか。孔子を、「地位を得て志を行う」ことができなかったため、むしろ後世に伝えられた一家の言として研究した方がよいではないか。ここに見て取れるように、李卓吾は、耿定向の「孔子を宗としながらさらに諸

(19) 李卓吾「答耿司寇」、『焚書　続焚書』、三〇頁。日本語訳は『近世随筆集』、三一三頁。
(20) 李卓吾「答耿司寇」、『焚書　続焚書』、三一頁。日本語訳は『近世随筆集』、三一三頁。
(21) 李卓吾『焚書』巻一「答劉憲長」、『焚書　続焚書』、二五頁。

聖の長ずるところに兼ね通じたいと欲している」態度に否定的な態度を取ったが、彼が否定したのは、諸聖に兼ね通じることとの必要性ではなく、「孔子を崇める」態度であった。李卓吾の考えでは、古人を「崇め」ては、真に古人を継承することはできない。それは、彼が農民も漁民もみな聖人になれると考えたことと表裏一体であり、先行するあらゆる前提を取り除く求道の態度であった。それこそが、彼の「已むを容れざる」精神の真の意味であった。

李卓吾は耿定向にこう言った。「あなたの已むを容れざるものは、あらかじめその已むべからざるを知った上でそれに向けて必ずかく已まざらんと欲する、それをあなたは真の已むを容れざるの機であるとしておられる、私の已むを容れざるものはその已むを容れざるを知ることなく自然に已むを容れざるものであり、それを孔聖人の已むを容れざるの機とは程遠いとされるなら、これもまた私の到底理解できないところ[22]」。

この一段は、耿定向に反駁したものであった。耿定向は、自分の已むを容れざるものと李卓吾の已むを容れざるものを区別し、李卓吾の已むを容れざるものは自然の発生に過ぎず、孔子の已むを容れざるものに背馳しているとした。李卓吾はそれに納得せず、激烈な調子で、耿定向が独善の病にかかっていると反駁した。李卓吾の考えるところでは、人はみな聖人になれるのだから、各々手段は異なっても、その心において已むを容れざる本心は誰もが一致している。どうして区別をして、自分の意見を押しつけようとするのだ。

しかし、李卓吾の真意は、自分と耿定向の区別を無くすことにあったのではなかった。彼ら各々の已むを容れざるものがすべて真であると認める必要があるとはいえ、彼らの間には峻別しなければならない原則的な分岐があると李卓吾が考えていたことは、明白である。その分岐は、道統の「名」に執着するか否かにあった。李卓吾は、耿定向が「名を求める心が余りに強く、自己を回護することが余りに多すぎるから、また、実際は悪を多くもちながら、口ではもっぱら仁を志して悪なしなどと談じ、実際は自私の好みに偏していながら、口ではもっぱら汎愛・博愛を断じ、実際は我見に固執していながら、口ではもっぱら自是すべからずなどと断じておられるから」、「その妙処はすべからく悪名を蒙ることを避けずに同類の危急を救わんとした」東廓先生に遠く及ばないと述べた(23)。つまり名そのものを好むかどうかは、聖人の道を判断する基準ではない。儒教・仏教・道教の開祖でも、この点では同じであった。「孔子は人が名を好むと知っての故に、名教によって人を誘導し、釈迦は人が死を怕《おそ》れるのを知っての故に、死によって人を畏《い》懼《く》させ、老子は人が生を貪ると知っての故に、長寿によって人を引導したのであって、これらはすべて已むをえずしてかりそめに名目を立てて後人を教化誘導せんとしたものなのであって、決して真実究竟のものではないのです(24)」。李卓吾の言わんとするところは、本当の已むを容れざるものとは、たとえ聖人にあっても、心で悟るものであって、言語で伝えることのできないものであり、聖人の言葉とは、世間の人を良く導くためのやむをえない策略に過ぎないということであった。まさにその意味において、李卓吾は、孔孟の非凡なところは、彼らの「妙処」にあったと考えた。「その類をぬきんでている所以を考究してみると、それは巧中という点にある。この巧処というのはまた用力を容れる余地がないところ。いま、かか

(22) 李卓吾「答耿司寇」、『焚書　続焚書』、三〇頁。日本語訳は『近世随筆集』、三一二頁。
(23) 李卓吾「答耿司寇」、『焚書　続焚書』、三三頁。日本語訳は『近世随筆集』、三一六―三一七頁。
(24) 李卓吾「答耿司寇」、『焚書　続焚書』、三三頁。日本語訳は『近世随筆集』、三一六頁。

る用力によっては達することもできぬという処を参究せずに、ただ用力の及ぶところのみに足を下さんと欲していては、もはや孔・孟の不伝の秘も失却するばかり。これをしもいったい何事であるとして、軽軽しくに人に議論することができましょうぞ[25]」。

孔孟の「不伝の秘」についての李卓吾の言辞は、もとは自分が人の師となることを望まない理由を説明するところで語られたものであった。しかしこれは、李卓吾の「已むを容れざるもの」を理解する重要な手がかりである。彼は一方で、万物はみな同体で、人はみな聖人になれると考えた。同時に他方で、聖人はつまるところ「類をぬきんでる学問」があることを認めた。しかしその「類をぬきんでる学問」は、力を必要としないものであり、また知識の伝達を通じて言語・観念によって伝承されるものでもなかった。つまり「名」によって確認されえなかった。人の師となるとは、せいぜいのところ弟子の素質に基づいてそれぞれに教えるやり方で、名によって「後人を教化誘導」することに過ぎない。まして李卓吾は、当時人の師となることを好んでいた作偽の人士については、後人を教化誘導することすら任に堪えないと考えていた。李卓吾が望んでいたのは、偽を取り除き真を求めるというやり方で「用力」することではなく、「軽軽しくに人に議論」できない聖賢の「巧処」を理解することであった。彼が語る「已むを容れざるもの」とは、まさにこのような「用力」を必要としない精神世界のことであった。ここに見て取れるように、李卓吾は、人はみな聖人になれるとして、区別のなさを強調したが、その意義は、当時の人の「ただ用力の及ぶところのみに足を下す」教化論を拒絶し、耿定向の偏向的で独善的な「名を求める心」を拒絶し、区別しないことを基礎として、聖人の「不伝の秘」に向かうことにあった。

李卓吾と耿定向の已むを容れざるものに関する論争は、当時、大きな反響を呼んだ。袁中道〔一五七〇

—一六二六?」の描写によると、「耿公と相互に弁難をたたかわせては、書翰一本ごとに累累と万言をつづり、道学の奥深くに存する情理をあらわにして風雲をまきおこし、読む者はその識見に仰伏し、その才を敬慕し、その筆を畏敬した」という。[26] 李卓吾は、才気が溢れ、純潔をもって誇り、何者も眼中にない強情さがあった。それゆえ、彼を異端と見なす人たちは日ましに彼と正面から向き合うことを避けるようになり、最後に彼は自分の筆によって自分を殺してしまった。この身を切るような凄絶な生き方は、彼の崇拝者であっても遠く及ばないものであり、李卓吾を崇拝し伝記を書いた袁中道ですら、「学びとるあたわざる」「学ぶを願わぬ」と嘆息した。[27]

しかし溝口は、李卓吾という正道を歩む異端から、個人の品行よりもはるかに重要な時代の情報を読み取った。中国には古来より極端に尊大な名士はたくさんいた。李卓吾が時代に容れられなかったといっても、本来珍しいことではない。しかしそれ以前の異端とは違って、李卓吾の尊大さは、個人の品行やふるまいにとどまらなかった。また中国の伝統的士大夫が個人の高潔さで社会の暗黒に対抗したやり方とも大きく隔たっていた。溝口の見るところ、李卓吾の「已むを容れざるもの」と、次節で論じる「童心説」に含まれていたのは、まさに明代後期の歴史的転換期の基本原理であった。李卓吾はそれを極限まで推し進めたため、最も鮮明な形で時代の歴史原理の基本的な輪郭を表現しえたのである。

(25) 李卓吾「答耿司寇」、『焚書　続焚書』、三三頁。日本語訳は『近世随筆集』、三一六頁。
(26) 袁中道「李温陵伝」、『焚書　続焚書』、四頁。日本語訳は『近世随筆集』、三七二頁。
(27) 袁中道「李温陵伝」、『焚書　続焚書』、七頁。日本語訳は『近世随筆集』、三七五頁。

三　童心説——溝口雄三の思考方法

溝口が学術の歩みを始めたころ、日本の学術界にはすでに豊かな成果が存在していた。内藤湖南〔一八六六—一九三四〕、津田左右吉〔一八七三—一九六一〕など老世代の支那学や東洋学の巨匠たちが残した貴重な学術的遺産があり、さらに新しい中国学でも、島田虔次、荒木見悟〔一九一七—二〇一七〕など溝口の上の世代の大家が創造的な探究をしていた。日本の中国研究にとって根本的な問題は、中国の「近代」をいかに見るかであった。とくに戦後日本の歴史学は、マルクス主義の影響を強く受け、中国学も多くは、「奴隷制—封建制—資本主義—社会主義」といった時代区分の図式を受け入れる傾向があった。また同時にアジア的停滞論を打破するという思想課題に向き合い、東アジアの歴史発展の軌跡を見出そうと試みていた。溝口の上の世代の中国学者は、アジア的停滞論を打ち破るため、中国の歴史の独自性を論じ、西洋とは異なる歴史叙述のモデルを作り上げることに力を尽くしていた。たとえば島田虔次の中国思想史研究は、アジア的停滞論など西洋中心主義の観念を自覚的に拒んでおり、それのみならず、西洋の概念を借用して中国思想史の体系性をスケッチしようと試みた。もし上の世代の中国学者が達成したものがなければ、溝口の中国思想史も、最初から高いレベルに立つことはできなかったと言うべきである。

上の世代の中国学に対する溝口の継承は、批判的な継承であった。たとえば、彼は島田虔次の緻密な史料操作を受け継ぎ、歴史人物および陽明学など重要な思想流派の歴史的位置づけに関する具体的な分析を受け継いだ。しかし中国思想史についての島田の構造的な判断は受け継がなかった。島田の見るところ、中国では明代の後期に近代的思想の萌芽があり、李卓吾は傑出した代表であったが、その後の歴史発展の中で、この早熟な近代思惟は挫折したという。しかし溝口は、島田の判断は歴史の真実を逃していると考えた。溝口は、島田の中国思想史研究が依拠した概念と思考の道筋は、つまるところ西洋の特徴を脱していなく、さらに言えば、明治以来の日本が西洋思想を受容する中で生み出してきた概念に依拠していると指摘した。こうした認識の特徴は、単独の概念に表出しているばかりでなく、諸概念の間の関係性にこそより表れた。たとえば、中国近代についての解釈で依拠した天理と人欲の対立、外在的規範と内在的な人間の自然の対立、社会的な公と個人の私の対立などである。ヨーロッパ市民社会の概念の対応関係に制約されたがゆえに、中国に関する歴史叙述もヨーロッパ式の価値判断から脱することができず、そこから李卓吾の「童心」説に対する西洋式の読解が生み出され、中国の近代が「挫折」したという結論が導かれたのであった。

溝口も島田と同じように、中国歴史上の思想人物を深く読解することを通じて、中国史の原理についての仮説を打ち立てようと試みた。彼は、中国思想史の基本的な要素をスケッチすることを通じて、そうした要素を生み出すにいたった内在的メカニズムに迫ろうとした。そのメカニズムは高度にダイナミックであったため、静態的な分析では有効に把握することが難しかった。まして西洋発の近代性理論は言うまでもなく通用しなかった。溝口が明末思想界の飢餓感を「主体意識と個人意識の萌芽」と描き出す島田の観点を拒んだ理由は、説明するまでもないだろう。しかし、溝口は直観的な意味での「文化本質主義者」であったわけではなく、西洋近代性理論への対抗を思考の起点としたわけでもない。実のところ、溝口は、その学術的実践において、後に『方法としての中国』で強調した学術的立場を忠実に実行していた。すなわち、中国を相対化すると同時に、西洋を相対化することである。

溝口の精神的および学術的な養分は、主として、彼が読んだ宋明理学および明清思想家の著述から来ていた。もっとも、彼の読み方およびカギとなる概念に対する解釈の仕方は、一般の儒学の常識とまったく異なっていた。ただそれらすべての中で、最も根源的に彼の一生の学問と思想態度に影響を与えたのは、生きている間には志を得ず、死後も批判を受け続けた李卓吾であった。このかつて袁中道を萎縮させた異端の思想家は、数百年の年月と言語文化を隔てた溝口雄三を恐れさせることはなかった。溝口は李卓吾理解において、袁中道が李卓吾を評した境地「語言文字の届《とど》かぬ先を極め、事迹に埋没する諸輩には到底理会の及ばぬところ[28]」に到達した。多くの研究が、李卓吾がいかに個性の称揚を主張したかに重点を置いていたときには、李卓吾がつまるところどれほど思想的な功績をあげたかが問題の焦点だった。しかし溝口にとって、言語の届くところは、彼が李卓吾の思想世界に歩み入るための道具でしかなく、目的を達したら捨て去ってもよい「道具」であった。李卓吾において溝口をひきつけたのは、そうした「道具」ではなく、道具を捨て去ったあとに出現する世界であった。それは「用力」を必要としない「巧処」であり、心で会得することができるだけで、言語によっては伝えられないものであった。しかし李卓吾といえども、言語によって表現できない世界でも、言語によって姿を現させるしかなかった。というのも彼は「上等の天性」をもって自認していたからである。李卓吾の考えるところ、同じように道を求め、同じように力を必要としない巧処において努力するとしても、天性に上等と下等の区別があった。下等の天性の士は、この世の完璧な人に甘んじるしかない。自分で古くからの格言を享受できればそれでよいものであり、人と論じるには及ばない。しかし上等の天性の人は、聖人の深遠な言葉を究明することをもって任じており、しかも古の人の深遠な談話と接合できないと焦るため、自分と同道の友人に出あうや切磋しようとする。[29]つまり、李卓吾は歴史的な伝承を自分の任務と考え、しかもほとんど潔癖なまでに、聖人の言葉を繰り返すことしか知らない「道具を手にする者」を拒んだ。彼は力を必要としないところにおいて、古の人の深遠な言葉を伝承することに力を注いだ。すなわち極限の場において、力を必要としないところで「用力」する、言葉にできないことを「言表」するアポリアを、自分に与えていた。

溝口は李卓吾ほど頑なではなかったものの、その志向は李卓吾とある種の類似性を持っていた。溝口は、自らが李卓吾に沈潜して得た李卓吾理解に満足せず、李卓吾の「已むを容れざる」ところを語りきろうとした。それのみならず、溝口はその学術の歩みの起点において、李卓吾の「已むを容れざる」に、自分が一生をかけて求めることになる中国の原理の基本的要素があると、直観していたようであった。

李卓吾と耿定向の「已むを容れざる」に関する論争についての、比較的理解しやすい現在の解釈は、李卓吾が、耿定向を典型的事例として、道学家の偽善を暴き、封建統治者の倫理道徳を暴いて批判し、孔子を崇めることをやめ、人は誰でも聖人になれるという命題を提起したというものである。そうなると耿定向は、おのずと、封建的倫理道徳を代表する偽君子という反面教師の位置に置かれざるをえなくなる。[30]こ

（28）袁中道「李温陵伝」、『焚書　続焚書』、三頁。日本語訳は『近世随筆集』、三七一頁。
（29）李卓吾『焚書』巻一「復宋太守」、『焚書　続焚書』、二三頁。
（30）たとえば張建業の訳注がそうである。『焚書　続焚書』、中華書局、二〇一一年、参照。注意すべきことに、この訳注本において、「答耿定向」は抄録になった。原文にあった「已むを容れざる」に関する議論はすべて削除され、耿定向を偽君子と攻撃した部分と、人はみな聖人になれると主張した部分だけが採録された。

の分析は、もし李卓吾が言っていることの相応する部分だけを取りだして対応させるならば、成立するように見える。同じように、もし李卓吾の言葉の一部だけに限定し、その前後の文脈を無視するならば、島田虔次の考えるような、李卓吾は早熟した近代性を代表しているという観点も、もちろん成り立たないわけではない。しかしもし、李卓吾の論述を全体として前後の文脈を結びつけて見るならば、こうした分析は李卓吾の最も根本的な思想の核心を取り逃がしていることが、容易に見て取れる。すなわち李卓吾の「已むを容れざる」に関する観点は、個人の欲望の正当性を主張しているのではなく、もちろん、封建的な倫理道徳を批判しているのではなおさらない。前述のように、李卓吾と耿定向の「已むを容れざる」に関する論争の根本的な分岐は、名と実の関係をいかに考えるか、聖人の道を絶対的な前提とする作偽をいかに防ぐかにあった。李卓吾は孔子を否定したわけではない。彼は孔子を相対化したが、やはり聖人だと考えていて、ただ孔子だけが「類をぬきんでる学問」を知ることができたと強調した。また李卓吾は、耿定向の主張する「封建的倫理道徳」にも反対していない。激烈な言辞で耿定向の虚偽を攻撃したものの、その重点は耿定向の道統に対する教条的な態度に向かっていた。というのも耿定向は、市井の人の利益の心もある種の「徳」であると認めなかったからである。つまり李卓吾は、利益を求める心を不道徳だとは考えず、利益を求める心をさえぎる道徳的な説教こそを不道徳だと考えたということである。学術的に言うならば、李卓吾が反対したのは、耿定向がこうした倫理道徳を絶対化したあと、言語文字に拘泥し、力を用いるべきでない「巧処」を忘れたことであり、すなわち儒家倫理の魂を忘れたことであった。

溝口は李卓吾の「已むを容れざる」を考察したとき、耿定向にも公平な評価を忘れなかった。溝口はまず、「已むを容れざる」の真機の理解における二人の分岐を明らかにした。李卓吾は、耿定向のものはあらかじめ目的を設定した有意、有心であり、つまり非自然であり非本来であると強く主張した。それに対して耿定向から見れば、李卓吾の主張は自然に身を委ねた「無」の放縦であり、いわゆる「巧処」とは原点を喪失した虚無寂滅に過ぎず、それゆえ万人が本来具足している明徳を離れ、自恣自任の境地に転落したものであった。しかし、こうした互いに譲ることのできない分岐も、李卓吾が個性の解放を代表し、耿定向が保守固陋を代表していることを意味したのではなかった。李卓吾と耿定向が「已むを容れざる」の論争で示した分岐を、人間の立場と綱常の立場の対立と見るべきではなく、むしろ生命、すなわち人の自然な実存秩序を求める二つの異なったやり方、あるいは「綱常」に対する二つの生命理解の方法と見るべきであった。耿定向は原点とされる天命の自然を強く主張し、李卓吾が称揚するなにものにも拠らない「巧処」を拒みはした。しかし彼は、「至情」を共通項として、男女の欲の自然な欲望と仁義礼智の道徳的萌芽の間をつなぎとめ、四端の心をほとんど色欲と間近なところにまで近づけた。そのため儒家の道徳を堅持することを前提とした耿定向も、ほとんど懸崖に足を踏み出した。溝口は言う。「われわれは耿氏がそれより先に進めぬのを笑うよりは、彼が四端の心をほとんど色欲と毫髪の間隔にまで切近させたこと、すなわち綱常の立場からすればもはやこれ以上足を踏みだす余地のない先まで足を踏みだしていることを賞讃すべきであろう[31]」。

耿定向に対する溝口のこの評価は、極めて重要である。この「賞讃」は、耿定向への客観的評価と言うよりは、李卓吾への客観的評価と言うべきであろう。李卓吾に激烈に批判された耿定向であっても、実の

（31）　溝口雄三『屈折と展開』、八八頁。

ところ李卓吾と「已むを容れざる」に関する知識感覚をある程度共有していて、しかも儒家の道徳規範と人の本能的情欲の間の矛盾を調和させようと試みた。したがって、李卓吾は万暦年間に孤立して現れた異常な人物ではなく、その時代の思想潮流に適応し、それを徹底的なやり方で表現しただけであったと言うことができる。李卓吾が他の箇所でたびたび「天性の小さな者」[32]を蔑んだことを考慮すれば、彼の耿定向に対する大征伐は、耿定向を敵とするにふさわしい相手と認めたからであることが理解できる。言い換えるならば、李卓吾は同時代の優秀な思想人物を敵としたからこそ、論争の質が保証された。ある意味において、これはその後の溝口雄三の論争に対する態度のモデルともなった。

『屈折と展開』第二章「理観の再生――「無」から「真」へ」の最後には附節があり、もっぱら李卓吾の「童心説」を論じている。これは慎重に読むべき独立した論文である。その難解さは、溝口が「童心説」を六経・論語・孟子など「道理」に対抗する対立的な命題と単純に考えなかったこと、まして自由な人格の根拠とは考えなかったことにある。文字表現だけをみると、「童心説」は過激な文章である。大部分の紙幅を使って、童心は人の原初状態であり、人が「真人」になる保証であると強調している。後天的に受けた訓戒や、後から獲得した道理・聞見は、いずれも童心を乱し、童心をさえぎる障碍である。そうした道理・聞見のせいで、人は童心の自然状態を恥と考え、ついには各種の「仮言・仮文」を利用して粉飾し、その結果、童心が失われてしまう。童心が失われると、各種の「道理」も生命そのものから離れることになり、それゆえ「満場これすべて仮」、「仮文でもって仮人と対すれば、仮人喜ぶ」事態になる。その帰結として、「天下の至文」は、仮人が支配権を握るゆえに埋もれ、後世に伝わらなくなる。それゆえ、六経・孔孟の言葉による教えを徹底的に否定し、「童心者の自文」に代えなければならず、聖賢の言葉であるかどうかにこだわることはない[33]。しかし、文章の脈絡を詳細に読めば分かるように、「童心説」は六経・論語・孟子に挑戦した反逆の文章ではない。それが挑んだのは、聖賢の道理によって童心を粉飾し、解消してしまう知的状況および社会状況であった。この短い文章には重要なポイントが二つある。一つは前半部分である。道理・聞見が多くなればなるほど、童心の真実の状態が容易に粉飾され、見えなくなると論じたあと、すぐにこう強調した。古の聖人は書を漁らなかったのかといえば、決してそういうことはない。ただ彼らは童心を第一義におき、書を漁るのは第二義だった。たとえ読まなくても、童心を守り、本真を失わずにすんだし、たとえ読み漁っても、読書を通じて童心をよく保持したのであって、世の学道の人のように、渉猟するところ多く、義理に通じるがゆえに、かえって童心をさえぎることはなかった。もう一つのポイントは文章の最後の一段である。李卓吾は、六経・論語・孟子の大半が聖人の言ではなく、じつは史官や臣子が賛美した言辞か、あるいは蒙昧暗愚の弟子たちが首尾前後をかけちがった筆記であり、たとえ聖人の口から出たものであったとしても、病に応じて薬を与えた具体的な処方に過ぎず、聖人が述べた処方は、作偽の「仮病」を根本的に治癒することはできないものであり、まして抽象的に万世の至論となすことはできないと述べた。そこから李卓吾は、六経・論語・孟子は道学者の口実、仮人がたかりむらがる淵藪であって、断じてそのために童心を消滅させてはならないと強調した。

(32) たとえば「耿中丞に復す」において、李卓吾は耿定向に対して、「ただこの学問一事を念ずるも、天性の小さな者の造詣できるところにはあらざるのみ」と述べている。『焚書 続焚書』、二五八頁。

(33) 李卓吾『焚書』巻三「童心説」、『焚書 続焚書』、九八―九九頁、参照。日本語訳は『近世随筆集』、三四一―三四三頁を参照した。

李卓吾が耿定向と論争したときに述べた孔孟の「類をぬきんでる学問」についての論述と結びつけて、「童心説」の聖人の言に対する態度を読めば、すぐに分かるように、これは儒教の典籍と古代の聖人を討伐した檄文ではない。この文が批判したのは、経典を絶対化し、義理を生命そのものの状態から遊離させた知的状況および思想状況である。「童心説」は、人々の義理および聖賢の言に対する常識的な見方を覆し、抽象的に万世不変の教条とされていた儒家の綱常を存分に歴史化した。それは古の人が具体的な問題を解決するときに手にした一時的な薬に過ぎず、古代の聖人について真に習い、継承すべきは、こうした後世において形骸化した言辞ではなく、意識的に童心を守ろうとした彼らの思想態度であると指摘した。それは書を漁るかどうかに影響されない叡智であり、李卓吾が耿定向との論争で強調した「巧処」であった。それでは、いかにしてそれを成し遂げるのか。李卓吾の答案は、童心から自ずと出る言を育成し、既成の道理や聞見に頼らないことであった。

いやしくも童心の常にだに存しておれば、道理・聞見の道行きなくとも、時として文にあらざるはなく人として文にあらざるもなく、いかなる形式・文体を創出しようとまた文にあらざるはないのである。詩が何で必ず古詩選の如くでなければならず、文が何で必ず先秦の如くでなければならぬことがあろうぞ。……そして現在の挙子の業となる、これらすべては古今の至文であって、時世の先後によって価値づけることはできないのだ(34)。

童心がありさえすれば、異なった思想と知の局面が生まれる。道理や聞見の道行きがないとは、模倣・依拠できるものがないということである。古の人は、昔の文章が現在に残されていることを根拠に優れているとはもはや言えなくなる。童心がつねにありさえすれば、いかなる人でも、いかなる時代でも、いかなる形式によっても、「至文」が創出できる。これは王陽明の「満街みな聖人」よりさらに大胆で過激な言説である。しかし個性の解放を説き、儒家の綱常に対抗した宣言ではない。先行するあらゆる前提に徹底的に反対し、儒家の綱常を含むすべての思想資源を例外なく歴史化する宣言である。敵は一つ、すなわち、絶対化された儒学の権威を固守することで思想の空洞化を招く偽の道学、および歴史と社会の変化による不断の書き換えを拒む静態的な世界観である。

李卓吾の他の重要な著述と同じように、「童心説」も正しく経典に向き合う基本的原則を強調した。「類をぬきんでる学問」は、自家の性命の在処で現実化してこそ価値があるのであり、生命の体験を離れた綱常・倫理は、いかなるものであっても偽の道学であって、聖人と関係がない。この脈絡において、重要な逆転が生まれた。聖人はもはや人が追いつけない超人ではなくなり、経典ももはや跪くべき権威ではなくなった。さらには、厳粛に見えた経典の内容も打ち破られ、普通の人の暮らしに密着したものになった。それは、人が誰でも童心を持てるからであった。理論的に言って、人は誰でも聖人になりえることになり、経典を読まなくても天下の至文を作れることにすらなる。しかし、ここに追究すべき重要な問題があった。李卓吾がこの文章において一言で述べた「絶仮純真（仮偽なくして純粋に真なる）」の「童心」とは、一体なにを指しているのだろうか。純潔で汚染されていない道徳的本体を指しているのだろうか。あるいは個人の主体の理想的状態を指しているのだろうか。

それこそまさに、溝口が論じた問題であった。

（34） 李卓吾「童心説」、『焚書　続焚書』、九九頁。日本語訳は『近世随筆集』、三四二頁。

溝口は、「「童心説」とその周辺」において、かなりの紙幅を用いて、「童心」と、「真心」「赤子之心」といった概念との関係を検討した。李卓吾は童心を説明するのに「真心」を使っており、また別のところでは「赤子之心」を童心に代えたこともあった。彼がこの二つの概念を退けていなく、童心の意味を説明できると考えていたことが見て取れる。しかし、それではどうしてこの二つの概念を直接用いることなく、あえて「童心」と言ったのであろうか。溝口は、「真心」「赤子之心」が李卓吾の時代に流布していた意味を精緻に考証し、明末において、真心の語は陽明学の「良知」と不可分と考えられていたこと、真心の根底は「学ばず、考えない」良知であるとされていたことを指摘した。ただ良知ほどの体系性がなく、仏教の影響があったため、良知より生命の本体に近かった。明末の人士による真心の使い方を見ると、「良知」には含まれない、いわゆる平常自在の本来の心という意味もたしかにあり、それゆえ「守るべからざる」流動性と衝動的な状態も含んでいた。しかし真心の語には、つまるところ士大夫の高踏的な色合いがあった。それに対して、赤子之心は、真心よりも庶民の生活の息遣いを伝えた。たとえば羅近渓［一五一五―一五八八］の「赤子之心」の講学は、民衆の日常生活の常識を基礎に置いた。彼は民衆の生活経験をもとにして、平易な言葉で人が誰でも聖人になれる道理を講じ、聴衆の喝采を博した。溝口はこうした状況を紹介した上で、李卓吾が真心や赤子之心に反対していなかったにもかかわらず、童心という概念をわざわざ使ったのはなぜかと問いを進めた。

溝口が『屈折と展開』下編第一章の冒頭で紹介したように、明末の文献に見られる童心の語はマイナスにイメージされていた。むき出しの物質的および肉体的欲望、節操のない所有欲、教養のない粗野な態度といったイメージであった。こうした、言うなれば教化されていない状態は、儒家の文献にしばしば現れる真心と赤子之心の語が綱常の意味を持っていたことと、齟齬をきたしていた。しかし李卓吾はあえて童心を選び、同時にそれを真心・赤子之心と対立させなかった。それは彼の思想的立場の微妙さを暗示している。溝口はこう論じた。真心は良知を意味し、赤子之心は孝悌慈と同義語とされていたが、李卓吾から見れば、これらは既成の理観念に縛られていて、「心」を六経の注釈の位置から解き放たねばならなかった。それゆえ、李卓吾は清らかで明瞭な真心と赤子之心を、童心の我欲の汚れの中に引き込まねばならなかった。逆に言えば、童心の我欲を理の光の中に置かねばならなかった。[35]溝口のこの洞察は啓発的である。李卓吾が島田虔次の言うような「思想の暴徒」[36]であったならば、儒教文献に頻出する真心を童心説の冒頭で説明として用いるべきでない。溝口はさらに下編の冒頭ではっきりと、李卓吾は当時流布していた童心についてのマイナスのイメージを受け入れていなく、彼なりの童心イメージがあったはずだと指摘した。[37]

まさにこの李卓吾の童心説において、溝口は一生の課題を練り上げた。溝口は鋭敏にも、李卓吾の童心イメージは混沌として動乱する明末社会の実相と直接的に向き合い、明末の士大夫が直面せざるをえなかった社会転換期における欲望の問題を暗に示したと指摘した。真心と赤子之心は、良知・孝悌慈といった既成の綱常に自らを縛りつけており、つまり一定程度、欲望の問題を回避した。しかし李卓吾は童心によって綱常の束縛を取り除いた。そのため彼は社会の欲望の問題に向き合わざるをえなくなった。溝口はこう書く。

(35) 溝口雄三『屈折と展開』、二〇七―二〇八頁。
(36) 溝口雄三『屈折と展開』、二〇五頁。
(37) 溝口雄三『屈折と展開』、二一二頁。

「童心説」によって彼の思想を代表させるとすれば、この混沌の動相をおいてないだろう。それは彼を混沌の人というにひとしくなるため躊躇もあるが、しかしこの混沌の動相は明末社会の実相でもあり、童心我欲と真心清浄とそして赤子之心の孝悌慈と、それらがともに「ありのままに欲する心」でありうる、そしてそれらが互いにとりこみあい浸透しあう、それが明末思想界のリアリズムであったことからすれば、その動相はいっそ胎内の揺動として、また混沌は未生の胎内の混沌として、評価されうるのかもしれない[38]。

この一段は明末の時代状況を鮮やかに概括している。溝口が分析したように、明末清初は中国社会の地主階層が郷村の経済構造を主体的に掌握した決定的な時代であった。東林派をイデオロギー的代表とする郷村の地主階級は、政治的には対等な地位を明確に求めなかったが、現実における郷村社会の経済的主導権をしだいに握った。「もし君なかりせば、人は各々自私を得、人は各々自利を得るなり」を掲げた黄宗羲［一六一〇—一六九五］であっても、具体的には明代の里甲制と皇帝の大私に反対したに過ぎず、皇帝制度そのものを一般的に否定したわけではなく、郷村社会の民主的な自治の主張を直接的に掲げることはなかった。溝口は、黄宗羲の『明夷待訪録』の核心的問題は民の自私自利の正当性にあって、「もし君なかりせば」の発言も民の要求が充足させられるかどうかを主眼にしていたと、とくに指摘している。黄宗羲が述べた民の「自私自利」とは、「自我本位」といった類のイデオロギー的問題であったばかりでなく、家産・田産といった経済的所有権を含む社会史的問題であった[39]。

しかし、溝口のこの結論は、彼が明末に西洋式の近代民主政治の萌芽が見られると考えたことを意味してはいない。実のところ、溝口が生涯にわたり強調したのは、黄宗羲を「中国のルソー」と考えることの歴史的な誤りであった(40)。『屈折と展開』下編の主たる部分では、ルソーではない黄宗羲がルソー『社会契約論』とは異なる方向に書いた『明夷待訪録』が、明末清初のいかなる歴史的要求を代表したのか、その後の清代の歴史の脈絡および清代前期の理観の確立といかなる潜在的な関係を持ったのかが探究された。そしてこのような視野のもとで、明末の李卓吾の「已むを容れざる」童心の強調が、一般的な意味での認識の枠組みのレベルを超え、歴史的・社会的意義を獲得した。李卓吾は、明末清初の時代の転換を最も鮮明に体現し、その後の中国の歴史と思想の基本的な方向性を暗に示しており、しかもそれは、彼特有の「立論しない」思想の方法によって表現されたのであった。

(38) 溝口雄三『屈折と展開』、二〇八頁。
(39) 溝口雄三『屈折と展開』、二六八—二七〇頁。
(40) 『屈折と展開』のみならず、のちの溝口の重要な著作においても、黄宗羲を中国のルソーとすべきでないという判断が繰り返し強調されている。清末の革命志士が特定の時代的危機感から、歴史的事実を無視して、『明夷待訪録』を反君主制・民権主義の先駆的著作と評価したが、それは歴史の事実に反しているという。溝口がこのことを峻別したのは、黄宗羲のあと第二の黄宗羲が出なかった思想状況を解釈し、中国の明清思想史は西欧とは異なる方向に発展したことを証明して、その基本的な脈絡をスケッチし、さらには中国の近代以前の歴史は「停滞」も「挫折」もしていないことを証すためであった。それはまさに溝口が一生をかけて尽力したテーマであった。

四　立論しないこと——求められる思想史の修練

已むを容れざる童心が明末の転換期において歴史の混沌状態を鋭く表現していたことを理解した上で、さらにもう一つ見極めるべき問題がある。李卓吾の童心説は、溝口にとって、彼の立脚点ではなく、立論のポイントでもなかったことである。これもまた溝口の附節の理解しづらいところである。溝口は、良知を主張した王陽明、討真心をテーゼとした唐枢［一四九七—一五七四］、赤子之心を主張した羅近渓に対して、李卓吾は「童心」を主張したわけではないと述べた。それが李卓吾と他の人との決定的な相違だという[41]。どういうことか。

已むを容れざるの本心はそれ自体性命の発現ではあるが、そこになにが発現するのかが李卓吾にとってなによりの問題であり、そのなにかこそが彼の求めてやまぬ自家性命の下落処でもあった。……そのなにかは、絶仮純真の童心においてのみ発現されるのであるが、しかしそれは「童心」ではない。（舜と象についての解読、若無の母の書についての解読、黄安二上人の出家についての評価、穿衣吃飯（着ること食うこと）、兵食など——引用者注）それが童心におけるなにかであり、このなにかこそがまた童心でもあった[42]。

童心は李卓吾の求道の足跡であるが、彼が固守した拠点ではなかった。それゆえ溝口は、童心を李卓吾の思想の中核にすえるためには、多くのただし書きが必要であると述べた。李卓吾は一生をかけて、言葉に表しがたい「なにか」を求め、休むことがなかった。同時に、李卓吾は具体的な脈絡とターゲットのある多くの論述を残していて、こうした論述および多くの論述の間に、しばしば見たところ論理上の矛盾があるように感じられる。一つ例を挙げよう。『焚書』巻四「若無の母が寄せる書を読む」では、若無の母が、すでに出家した若無に対して、家を離れ金剛山に修行に行くのをやめ、故郷で修行して家庭の責任を負うよう勧めたことについて、「おめでとう。貴君の家に聖母あり、貴君の膝下《しっか》に真仏がある」と評価した。ところが『焚書』巻二「黄安二上人のために三首」では、黄安の二上人が母を棄てて出家して、それによって母を苦海から救ったことを激賞した。二上人が小さな孝を棄てて仏の道についたのは、実のところ大きな孝であるという(43)。

李卓吾のこの二つの評価が矛盾していることは明らかである。しかしこの、一つの判断を固守したのではない断言は、むしろ鮮明に、李卓吾の道徳判断の本質を体現している。彼の「絶仮純真（仮偽なくして純粋に真なる）」なる童心の自然によって導き出される判断は、既成の価値観による道徳的判断と異なるが、ここに現れているのはその違いである。李卓吾において、外在的基準に基づく考慮から導き出される判断はすべて「作偽」であり、童心すなわち人の自然状態によってなされる判断こそが、表面的には既成の基準や論理と衝突しても、最も真実の判断である。「真心」でもなく「赤子之心」でもない「童心」は、もとより李卓吾の自家性命の下落処であるが、それはたちまち消えゆくものであり、それゆえ不定の定点と

(41) 溝口雄三『屈折と展開』、二〇七―二〇八頁。
(42) 溝口雄三『屈折と展開』、二〇七頁。
(43) 李卓吾『焚書　続焚書』、順に、一四一頁、七九頁より。前の例の日本語訳は『近世随筆集』、一八九―一九〇頁。

しか言えないと溝口は強調した。童心説を実在する定住地とすることはできないし、まして既成の権威を打倒する砦とすることもできない。李卓吾が、已むを容れざる本心を標榜する耿定向を厳しく批判したように、目的をもって「本心」を設定すると作偽になる。「童心」は李卓吾の足跡であり、彼はそれによって不断に「已むを容れざる」本心を模索した。それゆえ彼は性命の定住の場所を見出すことはなく、またそれを根拠に立論することもできなかった。

李卓吾の立論の拒絶（李卓吾が「穿衣吃飯（着ること食うこと）」など具体的な主張を思想の下落処としなかったこと）は、溝口によって、彼と他の思想家を分ける基本的な特質とされた。立論を拒絶する思想態度は、言うまでもなく、古の人の深遠な言葉にある用力を容れない巧処を究めようとする李卓吾の抱負と直接的に関わっている。また同時に、同じように已むを容れざるの思想的立場をとり儒家の教義に生命力を注ぎ込もうとした耿定向を、どうして激しく攻撃したのか理解する有効な手がかりにもなる。最も単純な言い方で耿定向と李卓吾の認識における違いを概括するならば、耿定向は立論を堅持したのに対して、李卓吾は立論を拒絶したと言えるかもしれない。今日の研究者、ことに西洋の理論のモデルや結論を自己の学術の前提とすることに慣れ親しんだ東アジア学術界の一般的な傾向から見れば、耿定向のモデルの方が身近であり、受け入れやすい。それに対して李卓吾の知的方法は、慣れ親しまないもので、理解しがたい。李卓吾の異端のスタイルが現代の学術界で肯定されるとき、「反封建道徳」や「早熟な近代」といった人に確固たる感覚を与える「立論」が主軸となって李卓吾が解釈されることは、興味深い事実を暗示している。すなわち、一六世紀末の李卓吾と耿定向の齟齬・対立は、現在にいたるまで学術界に存在している。今日の李卓吾研究に見られる主導的な認識が示しているのは、かつて耿定向が示した思考の方向性である。それは、すでに権威を確立している概念・カテゴリーに依拠して、そうした概念・カテゴリーの演繹もしくは修正・補充によって論述のフレームワークを作り、その上で適当な思想史の資料を充塡し、そこから確固たる「安心立命」できる知識を生み出すことである。李卓吾の言葉を借りて形容するならば、今日の学術界は、「足を下ろすことを欲している」だけで、「用力を容れない」精神の品性を理解できない。ただし、ここにもう一つ強調しておかねばならない区別がある。今日の「耿定向たち」も、万暦の耿定向と同じく、偽君子あるいは道士のような問題外の人物ではない。溝口の言い方を借りるならば、彼らも、明末の耿定向と同じく、「賞讃すべき」努力をしている。あるいはこう言えるかもしれない。同じ理由から、溝口が後に論争を通じて、いかに中国研究を行うか、いかに中国と西欧、あるいは中国と世界の関係をあつかうかなどに関する問題を提起したとき、彼が選んだ論争の対象も、論争の価値がないレベルの低い観点ではなく、功績と影響力のある思想および学術的生産であった。

『中国前近代思想の屈折と展開』は、李卓吾を論述の中心として、容易に引用できる概念を生み出さなかった思想人物からスタートして、中国前近代の転換期を論じ、さらに彼を通じて一連の重要な議論を導き出すという特別な書き方をとった。それが意味したのは、ある意味において、溝口が近代的な学術習慣と対立する立場をとったことであった。しかし溝口にとって最も困難だったのは、彼がそのせいで異端となるかどうかではなかった。いかにして李卓吾が残したアポリアを受け継ぎ、用力を容れずに力を尽くし、李卓吾が立論を拒絶した時代の課題を論じるかにあった。

「已むを容れざる」に関する李卓吾と耿定向の差異について、溝口は出色の分析をしている。耿定向は男女の色欲を「至情の已むを容れざるもの」と肯定したと同時に、惻隠羞悪の心も「至情の已むを容れざるもの」であると強調した。耿定向は至情を共通項として色欲と四端をつなぎとめ、綱常が容認できる極限まで足を踏み出した。それに対して李卓吾は、まさに耿定向が足を止めたところで一歩踏み出した。それゆえ李卓吾はいっきに「無依倚」の空に飛翔し、しかも懸崖から懸空に飛翔することになった(44)。

懸崖から懸空に飛翔するという表現は、李卓吾の精神が示した断固たる決裂と気迫を比喩的に表し、同時に、彼が直面した巨大なリスクを暗示している。耿定向は懸崖のふちまで来たとはいえ、まだ地面に足をつけていた。その「地面」とは、耿定向が論述の前提とした儒家の綱常であった。李卓吾が耿定向と争ったのは、まさに儒家の綱常を前提として設定できるかどうかであった。同じように已むを容れざるを主張し、人間の本能的欲望に正当性を与えた耿定向ではあったが、この前提を堅持したゆえ、彼の考える人欲とは、「あるべき姿」すなわち儒家の綱常の原則に基づいて生じるものになった。言うまでもなく、「あるべき」という静態的な前提のゆえに、耿定向の論述は、革新への願いを持っていたにもかかわらず、安全な「地面」に着地することになった。彼は儒家の綱常を革新しようと試みたとはいえ、綱常そのものの前提は疑わなかったため、依拠するもののない危険に直面することはなかった。しかし李卓吾は逆であった。李卓吾は儒家の倫理観念を否定はしなかったが、そうした観念に依拠することを否定した。李卓吾は儒家の綱常を革新しようとしたが、「あるべき」に関わる一切の想像を拒絶した。李卓吾が耿定向の言行不一致を厳しく叱責したのは、耿定向が「あるべき」というあらかじめ設定された綱常の前提を、已むを容れざるの個別のダイナミクスに持ち込んだからであった。李卓吾の見るところ、それはせいぜいのところ、村の先生が子供の蒙を啓くときの「人生まれて十五歳以前のこと、『弟子職《ていししょく》』などの諸編を学びまたかの入りては孝出でて悌に勤めるなど」の事に過ぎず、それゆえ耿定向の已むを容れざるとは、取るに足らないものである。李卓吾の考えるところ、自分の已むを容れざるはそのような痛くも痒くもないものではなく、「十五歳聖人以後のこと、大人たりて『大学』を明らかにし、明徳を天下に明らめんと欲するなどの事」[45]であった。言い換えるならば、李卓吾の已むを容れざるは、既成の明徳の規範に符合する「あるべき姿」ではなく、「明徳を天下に明らめんと欲する」「大学」の道であった。言うまでもなく、この「大学」の道とは、もはや『大学』の教条ではなく、懸空に飛翔した李卓吾の生命の体験であった。

ここに問題が生じる。耿定向は懸崖のふちにいて、言行不一致と言われはしたが、論述の論理が飛躍する危険に直面することはなかった。ところが李卓吾は、何ものにも依拠せずに飛翔したとき、論述の論理の飛躍を解決しなければならなかった。已むを容れざるが、先行するいかなる規範も前提としない生命の状態であるならば、それはあらゆる規範を突破して、好きなように行えることを意味するのだろうか。李卓吾は、市井の人の穿衣吃飯(着ること食うこと)に関する言が、「身がしかじかのことを行えば口もそのままにしかじかのことを語る」がゆえ、耿定向の言行不一致よりもまことに味がある「真に有徳の言」であると断言した[46]。それは、李卓吾が、綱常の教条を打破しさえすれば、市井の生活の自然状態がおのずと明徳を明らかにする気風を示すと考えたということなのだろうか。

この問題はまさに、李卓吾が懸崖のふちで耿定向たちに別れを告げひとり懸空に飛翔したとき、彼の足元に広がった深淵であった。実のところ、その困難は、通常のしきたりを打破したあと新しい前提を作る

(44) 溝口雄三『屈折と展開』、八七―八九頁。
(45) 李卓吾「答耿司寇」、『焚書　続焚書』、二九頁。日本語訳は『近世随筆集』、三一一頁。
(46) 李卓吾「答耿司寇」、『焚書　続焚書』、三〇頁。日本語訳は『近世随筆集』、三一三頁。

かという問題のみにあったのではなかった。より大きな困難は、先行するあらゆる前提を徹底的に排除したがゆえに李卓吾は自分を「用力を容れない」巧処に置いたのだが、「大学」の道への志向のため、彼は語ることのない境地に安住できず、語らざるをえなくなったことにある。そのために彼は「真空」へと歩みをすすめ、立論しない中で不断に語り、不断に語る中で立論を退けることになった。

李卓吾は士大夫の言行不一致を浮かび上がらせるため、市井の村夫に徳があるという言い方をしたが、実際のところは、人欲がいかにして徳を帯びるかについて、正面から解決しなかった。李卓吾は、古の人の深遠なる類をぬきんでる学問と、市井の人の生活倫理の「徳」が異なることを明確に区別した。同時に、人はみな聖人になりえて、孔子ひとりを取るのではないとすることで、両者の間で区別をする可能性を消した。となると、彼は「徳」を考える次元を二つ打ち立てたことになる。一つは自家の性命を古の人の知恵を伝承するキャリアにして、理と道の真の形態を不断に追い求める学問の次元であり、もう一つは現実生活と個人の真実の欲望をキャリアにして、社会活動を生命の保証とする社会生活の次元である。この二つの次元において、李卓吾は作偽を防ぐ真の徳の道を探究し、先行する道徳的基準によって事物を恣にする弊害を根絶しようとした。李卓吾本人においては、この二つの次元はもとより「已むを容れざる」によって統一できるものであった。というのも、彼の生命の欲望の人倫的な意味は、すでに袁中道がかなわないと嘆息したレベルに達していたからである。しかし李卓吾本人は実現できた基準も、現実的に言って、他人とは共有できず、以下のような疑問も解消できなかった。もし人の欲望の「已むを容れざる」に任せたら、欲望の中の罪悪と化す可能性のある要素をどのように処理すべきだろうか。李卓吾は、「貪財の者には禄を与え、勢利に趨《はし》る者には爵位を与え、力の強大な者には権力を与え、能才の者はその能事に応じて官位につけ、怯弱《きようじやく》な者は翼下に入れて役使する。有徳の者には虚位を奉呈して衆人の仰視するところとし、高才の者には重任に当たらせて文武内外各種の官界を歴任するを妨げない。各々がその好むところに従い、各々がその長ずるところを伸ばすようにすれば、一人としてその天生の用にかなわぬものはありますまい。何と行なうに容易な事ではありませんか(47)」と述べたが、社会はほんとうに、各々適所を得れば太平になるのだろうか。

李卓吾はたしかに欲望を充分に「解放」した。しかしその解放は、西欧近代の意味における主体の確立ではなく、既成の儒家の綱常に対する徹底的な顚倒であった。問題は、この徹底的な顚倒が、「反綱常」行為ではなかったところにある。綱常に対立したのではなく、安定的な前提を失わせたあと、綱常を新しい社会秩序として再建したのである。前掲の引用文にあるように、彼の想像において、「各々がその好むところに従い、各々がその長ずるところを伸ばす」ことは、貪欲や迎合といった欲望の満足も含んでいたが、他方で彼の新しい社会秩序の構想は、「投ずべき好みもなく、かくすべき醜悪もない」「有徳の者」と「高才の者」を支えとしていた。この文章のはじめに、李卓吾の有名な一句がある。「そもそも、人がその性の「真」なるものに率《したが》い、それを推拡することによって天下人人と公となる、かかるありようをこそ道と謂《い》う(48)」。李卓吾が「真」を、たとえ個人の欲望の非道徳的な成分を含んでいたとしても、新しい社会秩序を作るための基点としたことが見て取れる。この文章「耿中丞に答う」は、非常に明確に、新しい社会秩序の建設に向けた李卓吾の基本的程度を示した。彼は明らかに、万物が各々適所を得て、孔子が顔淵に

(47) 李卓吾「答耿中丞」、『焚書　続焚書』、一七頁。日本語訳は『近世随筆集』、三〇九―三一〇頁。
(48) 李卓吾「答耿中丞」、『焚書　続焚書』、一六頁、日本語訳は『近世随筆集』、三〇八頁。

答えた「仁をなすは己による」精神を受け継がねばならない、すなわち外から条理を強制する教化はいけないと考えていた。というのも、そのようなやり方は「作偽」の帰結をもたらし、しかも実のところ、万物が各々適所を得ることとの最大の障壁になるからである。李卓吾はさらに進めて、徳・礼によって人心を縛ることは、政・刑によって人体を縛ることと同じく、人間の根源を大いに失わせるとすら断言した。「耿中丞に答う」が解決しようとしたのは、仁なる者は、その条理によって天下を教化すべきなのか、という問題であった。李卓吾の答案は断固たる否定であった。しかし、既成の名教が容易に虚偽と束縛をもたらすことを明らかにするだけにとどまり、さらに進めて、天下の民の欲望の問題をいかに処理するかについて、正面から論じることはなかった。ただ聖人は民の欲望にしたがって、各々適所を得させることで、天下は安泰になると述べただけであった。ここにおいて、問題は明らかに、狭い意味での道徳的自律の範疇を超え、社会・政治の領域に入った。これはまさに、その後に溝口が展開した、社会史的性質を持つ議論の基礎であった。しかし私たちはここで社会史の問題にすぐに立ち入るわけにはいかない。まず先に、溝口の思想史の認識のあり方における基本的特質に注目する必要がある。なぜならば、溝口の社会史論も、普通の論述と異なり、強烈な「立論しない」という特質を備えていたからである。そしてその特質の主たる原点は、李卓吾にあった。溝口は、「童心説」が李卓吾にとって重要であることを認めたが、ただし書きをつけずにそれを李卓吾の思想の核心にすることには同意しなかった。というのは、それを李卓吾の思想の核心にするということは、思考のあり方として、「童心説」の「不定の定点」の特質を無視することになり、したがってそれを固定化し、「個体の自由の主張」と単純化する可能性すら生まれ、誤読につながるからである。溝口のこの一徹な方法は、李卓吾に寄り添った「李卓吾式読解」であったばかりでない。より重要なこととして、中国の明末清初という、西洋の近代性理論で簡単に解剖できない巨大な歴史的転換期に対する、溝口のダイナミックな観察と思考を体現している。彼が李卓吾を選んだのは、まさにこの混沌たる歴史に合致した普遍的な叙述を打ち立てたいと望んだからであった。しかも問題はそれにとどまらないように思われる。私の読解によれば、溝口の著作には一貫して、「目的を達したら道具を捨て去る」態度が明確にある。溝口は自分が提起した概念が政治的に正しいかどうかに関心がなく、自分が作り上げた中国に関する解釈が「体系的」であるかどうかにも関心がないようである。彼が切迫した気持ちで追い求めたのは、中国の歴史を有効に解釈することであり、その追求によって彼が安らぎを得ることはないようであった。後期の著作には、安らぎを得られない感覚がことのほか強い。この「童心説」を論じた附節を読み、私は溝口のこうした態度を理解する糸口を見出すことができた。あるいは、これこそまさに、真の思想史家が歴史に向き合ったときの「已むを容れざる」境地なのかもしれない。

五　「形而下の理」――オルタナティブな普遍の原理を求めて

「已むを容れざる」と「立論しないこと」が溝口の思想史の認識のあり方の基本的な特徴であるとは言えるが、しかしそれは彼が追い求めた目標ではない。溝口が一生の思想史研究において、自覚的に追い求めたのは、中国思想の「原理」であった。しかし李卓吾の「穿衣吃飯（着ること食うこと）」と同じく、後に「基体」という議論を呼ぶ概念で表現されたこの原理も、彼の安心立命の場所ではなく、求道の足跡でしかなかった。

溝口は李卓吾の研究を通じて、極めて尖鋭な理論的問題に触れた。「形而下の理」はいかにして可能なのか、という問題である。現在の言い方で言えば、経験と個別性を失わせずに、いかにして理論的な（とくに道徳と政治に関する）叙述を打ち立てるかとなる。それはまさに溝口が李卓吾の追究を通じて追い求めた問題であった。

李卓吾の「已むを容れざる」、「真空」、「童心」についての論述を借りて、とくにそうした論述に体現されている「立論しない」立場を借りて、溝口はこのように分析した。

　彼にとって、形而下的実存に根拠する人人普遍に客在の理とは、理というよりは真空であり、確かさはほとんど同時に不確かさをそのまま露呈するものであった。(49)

陽明学の「無」から李卓吾の「真空」にいたったとき、「理」の解釈に構造的な転換が生まれた。そのとき「人欲を存する理」が、既成の理概念の束縛を突破し、方法論として確立した。それが意味したのは、理（秩序）が、先行して人間を規定するものではなくなり、逆に、人の社会活動（李卓吾の言い方によれば「穿衣吃飯（着ること食うこと）」）から生まれる結果でしかなくなったことであった。一六世紀以来儒教が民間に浸透した歴史的過程をあわせて考えると、ここに引用した李卓吾の形而下的な理、および形而上的な観念ではなしえない自然に関する思考が、具体的な思想史的意義を持つことになる。それは個体の欲望と形而下の自然としての「私」が、社会的な価値を持ったことを意味した。同時に、そうした形而下の理は、それ特有の「立論しない」特質のゆえに、すなわち確かさと不確かさを同時に備えるがゆえに、必然的に観念論を拒むことになった。言い換えるならば、形而上的な抽象と静態的な指標は、どのようなものであれ形而下の理に接近できない。そのような理を表象するために、李卓吾は仏教の知恵を借り、真空によって表象するほかなかった。しかし童心説と同じく、李卓吾の真空説も、仏教の禅家の単純なコピーではなく、その意味は、活発なる形而下の理を作り出すことにあった。真空は先行するあらゆる造型を拒絶した。すなわち内心から発した「学ばず、考えない」自然の情は、前提として規定するあらゆる既成の理を拒絶した。しかし李卓吾は同時に、真空を、王陽明が退けた「虚寂」にすることも拒絶した。(50) つまり真空の概

(49) 溝口雄三『屈折と展開』、一六七—一六八頁。
(50)『屈折と展開』上編第二章において、溝口は李卓吾の真空説の思想史上における位置をスケッチした。王陽明は王竜渓との「無」に関する対話において、竜渓の四無の説は上等の天性の人に限られていると指摘した。つまり、本体が一悟透徹できた人のみ、学ばず、考えないで、内心から自然と、拘束されない理を生み出せるという。しかしそのような人はほとんどいない。一般の人は形式的に「無」を本体として作り上げるしかない。そのような本体は虚寂だという。『屈折と展開』、一七九—一八〇頁、参照。

念を虚無の同義語にすることも拒んだ。そうした二重の拒絶のもとで、李卓吾は「真空」を強調すると同時に「空ではない」ことも強調することが可能になった。

李卓吾は、「豈に知らんや、吾の色身および外にしては山河、遍くしては大地、並びに見るところの太虚空など、みなこれ吾が妙明真心中一点の物相であるにすぎざるを。これすべて心相の自然、誰が能くこれを空んじえよう(51)」と述べた。李卓吾は真空を確固たる目標としていなく、それは一つの媒介に過ぎなかったと言うべきである。同じ文章において、彼は「真空というものは、明らかに理解している人に遭えば、真空はその明らかさの中にある。しかし、真空それ自体が明らかになるわけではない。暗い無理解のうちに閉ざされている者に遭えば、真空はまたその暗さの中にある。しかし、真空それ自体が暗くなるわけではない(52)」とも述べた。李卓吾において、真空は、確固たる不変の虚空状態ではなく、千変万化の姿をとって千変万化する人の真心の中にあるとされていたことが見て取れる。それは明らかな人に遭えば明らかになり、暗い無理解のうちに閉ざされた人に遭えば暗くなる。心相の自然の形で現れるものだが、心相の自然と同じではない。しかし、心相の自然によって現されなければ、真空は人に知られない。したがって李卓吾はこの文章の冒頭で、真空を「必ず諸の所有を尽く空じて後にはじめて吾が無相の初は完うされる」と考える見方に対して、「一体空と為されうるものならなんでこれを真空と謂いえよう(53)」と反論した。つまり、真空とは、形状を持たず人為的に操作できないものであった。

真空についての李卓吾の論述は、形而下の理を確立するための理論的な道を開いた。ただこの道筋は、西洋理論に慣れた思考を離れないと、理論的思考としての価値を見出すことは難しい。溝口はまさにその意味において、形而下の理という新しい理論に関する思考の基礎を築いた。彼自身は、オルタナティブな理論思考を生み出す活動をしていたと必ずしも意識していなかったが、しかし私たちに継承し、さらに進めるに値する思想と学術の遺産を残した。

溝口がどうして多くの儒学研究家のように中国の思想人物自身の語彙だけに依拠するのでなく、カギとなる分析においてしばしば「普遍」のような用語を使ったのか、私には分からない。ただ少なくとも、溝口が「普遍」を用いて「無善無跡」、「無人無我」、「無聖無邇」といった李卓吾の「真空」観念を精緻に論じたとき、客観的に言って、今日の学術界で当然視されている「普遍」の感覚を相対化したと言うことはできる。学術界で当然視されている普遍の感覚は、高度に単純化された静態的な感覚である。それはさまざまな状況に応用可能な高度に抽象化されたモデルと観念を意味していて、それゆえ価値が高いとされる。コピー不可能なさまざまな具体的な経験は、同質化された普遍に従属し、特殊性として処理されざるをえない。そこから普遍と特殊を対立させる想像が生み出される。そうした想像は、理論を普遍的なもの、および高いレベルのものと設定して、具体的な個別の経験を理論に対立するものと設定する。そのため研究者は往々にして、個別の中の抽象化されうる要素を探すことに汲々として、しかもそうした抽象によって知的な立場を作り上げる。時代の変化にしたがって、今日の学術界では、東洋であれ西洋であれ、議論の内容については西洋中心主義がしだいに打ち破られつつある。しかし認識の枠組みの次元では、西洋起源の理論が形而上学的に「普遍的」前提とされ、第三世界の経験は無意識のうちに普遍的な前提を証明する

(51) 李卓吾『焚書』巻四「解経文」、『焚書　続焚書』、一三六―一三七頁。日本語訳は『屈折と展開』、一六六頁。
(52) 李卓吾「解経文」、『焚書　続焚書』、一三六頁。
(53) 李卓吾「解経文」、『焚書　続焚書』、一三六頁。

素材とされる思考の形態が、依然として存在している。人文学の世界では、個別的な経験を普遍のレベルに引き上げるといった言い方がしばしばされる。この言い方が意味しているのは、経験からコピー不可能な個別要素を取り除き、経験の中の抽象可能な要素を「より高級な」普遍的要素へと練り上げることである。いわゆる普遍的要素とは、この時この場所の特殊な状態を超越し、より広い対象にも意味を持つような要素である。普遍がこのように特殊と対立させられ、それが優位とされるとき、そこから一連の認識の枠組みが生み出される。たとえばかつて流行した文化本質主義批判、文化特殊性に対する否定などである。特殊な歴史的コンテクストにおいて生まれた問題意識は、誕生時には「普遍」的な問題ではなかった。ただ理論が各地を移動する過程の中で、もともと具体的なコンテクストにおいてのみ意味があった認識の枠組みが、普遍性の前提にされる。そしてそうした思考に反するあらゆる思考が誤りであり、普遍に対抗する文化保守主義であるかのようになった。

こうした普遍に関する誤解を、単純にヘーゲル歴史哲学に帰結させるべきではないだろう。しかし基本的な問題は指摘しておかねばならない。西洋の思想世界はポストモダンとポスト構造主義の洗礼を受け、事物の本質が消去され、東洋と西洋の対立が脱構築され、しかも世界構造の変化に伴い、西洋の知識人はしだいに地域化し、第三世界の知識人がしだいにグローバル化したように見える。しかし、人類の思考はいまだヘーゲルが策定したモデルを完全に抜け出していない。それのみならず、二項対立の通俗的理解のため、世間で流通している「普遍」の思考は、極めて粗雑かつ暴力的なやり方で個別の価値を排斥しており、抽象的で中身のない「大理論」がヘゲモニーを握っている。そのためアカデミズム体制の大学院生たちは、学問を始める最初の段階で、知識を「理論と経験」、「普遍と特殊」といった二つのカテゴリーに分類することに慣れ、しかも普遍的な理論研究こそが重要な知的成果であると考えるようになっている。こうした認識の枠組みは、若い学者が理論と結論を応用して具体的な経験を解釈する誤った学問のあり方を強化することになり、現実の豊かさを単純化し、既成の理論に頼る知的習慣を生み出している。西洋起源の理論、とくに西洋の批判理論を消費することが、今日の第三世界の知識人にとって、依然として主流の集団的無意識となっている。こうしたことが基礎となって、西洋社会の近代化モデルと、特定の時空における社会の経験までもが、特殊の位置から人類の普遍的なモデルへと「引き上げられた」のである。

溝口は「無から真へ」の思想史の脈絡において、「普遍」という学術界で抽象化され固定化された観念を定義し直した。溝口は、王陽明、王竜渓〔一四九八―一五八三〕、李卓吾の思想世界において、「普遍」に個別性と「人人」の性格を与え、形而下の人人の性格において、既成の「超越的な理」をしだいに瓦解させ、西洋近代的な意味における「天と人との分裂」や「個人の自由権利」に相対するような人欲を含んだ天理を構築し、同時に調和を前提とする自然法を打ち立てた。「普遍」という語を用いたがゆえに、溝口は世界史的視野を表現することがより有効にできた。西欧起源の「普遍」の概念は、近代を解釈する一つの思考を示すだけであり、中国思想史における「普遍」に対しては、やはり個別的である。溝口はこの語を使ったとき、中国特殊論者あるいは文化本質主義者から自分を区別していた。「普遍」は一つの概念であっただけにとどまらない。それが体現したのは、一つの視野であった。その視野は、後に『方法としての中国』においてより詳しく説明されることになる。

李卓吾の「穿衣吃飯（着ること食うこと）」という個別的な視野が持つ普遍性について、溝口はこう論じた。

定理が「定」でありうるのはその理が「一」なる普遍とされることによる。……李卓吾はその観念を真向から破除しようとした。すでにみたように、「成仏とは成るべき仏を撥無した本来仏を成就すること」であり、人人各自が本来仏であるという点で人人は普遍なのであって、成るべきとされた仏において普遍なのではない。……人間に仏（＝理）が本具であるという点で普遍なのであり、しかしそれの発出は個別多様である。人間は個別多様であり、個別多様なのは各自が人間として生きているということであり、各自が人間として生きている、それが人間の普遍性というものだといいかえてもよいだろう。[54]

溝口はここで普遍に関する通俗的な理解を覆した。「あるべき」としての「一」、すなわち先行する規定としての抽象的な定理は、普遍ではない。彼が定理の普遍性を覆したのは、それが単一の秩序体系を上から規定しているからであった。李卓吾にとって、単一の秩序体系の否定は、自然法と政治観の原理的な転換を意味していたが、溝口にとって、通俗的な普遍観念の転覆は、直観的な一元的世界の感覚、あるいは二項対立の観念を打破し、真の多元的な思考の空間を樹立することを意味していた。

溝口が多様な「人人」の持つ普遍的な性格について語ったとき、同質を求める思考の習慣を打破していたことに注意したい。第一に、彼は「成るべきとされた仏」が普遍であるという仮定を否定した。これは理解しやすいことである。今日、「べき」によって歴史を議論すると、結果として、非歴史化を招くことは、学術界において一定程度共通認識となっている。とくに「べき」の仮説がどこかしら「上から」の性格を帯びると、それが歴史に復讐されることが不可避であることは、言うまでもないだろう。しかし溝口はその次元にとどまらなかった。彼はさらに一歩進めて、「各自が人間として生きている、それが人間の普遍性」だと述べた。人人が仏と成ることが普遍的であるとしても、その普遍は「成るべきとされた仏」との相対においてのみ成り立つ。すなわち、「人人各自が仏と成る」のは、成るべき仏の単一の権威を否定した上でのみ、普遍となる。しかし、「人人各自が仏と成る」は、結論ではなく、議論の起点に過ぎなかった。李卓吾は、「発願とは仏仏が欲するところを発して願とすること。これは千仏万仏の同じうする能ざるところ。仏あってこそ願はあるのだから仏という点では同じでもその願はおのおのに異なる(55)」と述べた。ここから溝口は普遍に関する議論を展開した。溝口は普遍の二つの次元を示した。一つは「人人」が仏と成る同質の普遍であり、もう一つは千仏万仏が同じものになれない差異の普遍であった。李卓吾を借りて、溝口は二つの普遍の間に潜在的な関係性を打ち立てた。同質の普遍は、それ自体は形態を持たず、「真空」である。それは千仏万仏の形態によってのみ、意味を得ることが可能になる。言い換えれば、「仏という点では同じでもその願はおのおのに異なる」とは、「同質の仏」がそれ単独では成立しえず、「おのおのに異なる」「願」によってのみ具体的な形をなすことができるのであって、抽象化されたら意味が見えなくなるということである。この同質の仏がひとたび高みにおいて前提とされると、それは「一」になり、「べき」になり、上からの強制的な秩序になる。すなわち真空は前提ではなく、媒介として、普遍を作り上げる過程に参与する。差異の普遍こそが普遍の真のあり方である。それは千差万別であるばかりでなく、「空でありえない」もので、実在する形而下の内実を備えている。

　問題をさらに一歩進めるならば、再び形而下に立ち戻らなければならない。形而下の次元で構築される

(54) 溝口雄三『屈折と展開』、一八七頁。
(55) 李卓吾『焚書』巻四「観音問・答澹然師」、『焚書　続焚書』、一六七頁。日本語訳は『屈折と展開』、一四八頁。

理は、形而上の理と、つまるところどう区別されるのだろうか。この問題は、抽象的なレベルでは容易に回答できる。形而上の理は経験に拠らず、つねに経験を超越し、万事万物の同質性を求めている。したがって、一流の哲学者以外には、この同質性を流動・変化する要素と理解できる人はほとんどいない。それは通常、固定した不変の静態的な同一性もしくは相似と理解される。それに対して形而下の理は、起点において同質性の追求を拒んでいる。それは普遍の意義および普遍と個別の関係を定義し直すということである。普遍を王位から引きずり下ろすことは、普遍の価値の否定を意味するわけではない。無数の個別性を統率することではなく、無数の個別性を関連づけることに普遍の意義が与えられる。そのような思考の系譜において、個別は一過性の要素では決してなくなり、それこそが歴史の主役になる。普遍性の意味も、こうした差異を前提とする個別を私たちがよりよく理解するための助けでしかなくなり、個別を「指導」する役割はなくなる。

溝口はこの問題を理論的に展開することに関心を持たなかったようである。彼が関心を寄せたのは、李卓吾がどうして明末に、「空でありえない」「穿衣吃飯（着ること食うこと）」の論述によって、千差万別の個別が共存する次元へと迫ったかであった。溝口にとって、これは決して認識の枠組みにとどまる問題ではなかった。それは社会史的な巨大な変動を背景にした現実的な思想課題であった。

李卓吾以前に、形而下の理についての思想の基礎はすでにかなりの蓄積を持っていた。それは儒仏の混合によって作り出された思想であった。その学理的な基礎は、天理の意義を、人欲を去ることから人欲を存することへと転換させたことにあった。王竜渓の「無善無悪」を経て、良知は「分別」、すなわち外在的な秩序の観念を取り去り、人と自己の区分を取り去り、それによって忘己の状態の中で天則が自現し、天機が自動するようになった。この時の天則・天機は、もはや宋学の義理ではなく、宋学の「気質の性」に近づき、本来の道において性の自然を極致まで発揮させるものになっていた。この「本来の道」が、「万物一体の仁」であった。溝口は王竜渓の無善無悪論の基本的な特徴を、「無善無悪なる至善また天命はその「無」を媒介として天地万物と一体となること、そしてこのように万物一体の仁に生きることが本来の筋道すなわち天則の自然に生きることにほかならぬ(56)」とまとめた。溝口の見るところ、それは王陽明の良知の学を継承・発展させたものであり、それによって王陽明の四端の心を核心とした万物一体の仁を、無善無悪無是無非を媒介とする万物一体の仁へと転換させた。この転換が、明末の形而下の理の革命的な逆転の基礎となった。というのも、それが意味したのは、理に対する新しい理解であったからである。既成の定理を取り除いたあとにのみ現れる実在的な本心に視角を定めるならば、この本心から離れて存在するあらゆる抽象的・超越的な判断は、すべて偏執した一己の見解に過ぎなくなる。明末の「已むを容れざる」本心は、まさにこの意味において、良知を、既成の形而上の理から生き生きとした形而下の理へと転換させる王陽明以来の思想動向を、さらに強化した。李卓吾の主張した兵食論と穿衣吃飯（着ること食うこと）に関わる人倫物理を頂点として、この形而下の理は具体的な意義を与えられたのであった。王竜渓の抽象的な天則および忘己の論と異なり、李卓吾の問題意識の在り処は、明末社会の混沌とした状況において、いかにして徹底的に綱常倫理の外在的な束縛を脱し、生命の本体において「人人」に属する万物一体の仁を構築するかにあった。

(56) 溝口雄三『屈折と展開』、一三三頁。

李卓吾は、「鄧石陽に答う」にこう書いた。

> 世間の諸事・諸物は全て衣と飯の類に還元されます。だから衣と飯とを挙げれば世間の諸事・諸物は自ずとその中に包含されるのであり、衣と飯以外に何か一般の人々と全く無縁の諸事・諸物が別に存在しているわけではない。学人はただ倫物について真空を識知するのが望ましいのであって、倫物を倫物の形象の場で弁別すべきではありません。故に「庶物ヲ明ラカニシ、人倫ヲ察ス」（『孟子』離婁下）と曰う。かく倫物について明と察とを加えれば、その根元に達して真源を識知することもできる。さもなければ、ただ倫物のまわりを計較忖度《そんたく》するばかりで、自得の日は永久にこまい。……よく真空に明察がとどけば、「仁義ニ由リテ行ナウ」となるが、明察がなければ「仁義ヲ行ナウ」ばかり、支離におちこみながら自ら覚らぬことになる。／何と慎まないでよいものか。……謂《い》うところの「空は空ずるを用いず」とは、太虚空なる性はもともと人の作意によって空たらしめられうるものではないということを指す。……謂うところの「終に空ずる能わず」とは、もし一毫《ごう》の人力でも含まれていたら、それはとりもなおさず一分だけ真空を塞《ふさ》ぐものであり、一分だけでも真空が塞がれれば、それはとりもなおさず一点の塵垢《じんこう》が染着したに他ならぬのだ、ということを指す。(57)

これは李卓吾が最も正面から形而下の理を論じたものの一つである。李卓吾は、日常的な人倫物理において真空を認識したときのみ、つまり形而下の具体的な状況下で理（あるいは普遍性）を弁別したときのみ、事物の奥の本質にたどり着けると考えた。しかし事物の奥の本質は、「終に空ずる能わず」であった。言い換えるならば、それは抽象的に表象されることはなく、形而上のレベルで「弁別」されることもなかった。万物一体の仁は、李卓吾がこの文章の後半でイメージ豊かに喩えたように、千人共にこれに由り万人共にこれを履む大路であって、どこまでも果てしなく、すべてを覆い尽くしていた。一般の人々が日常に用いるものが、この仁義の形態であった。学者が仁義を認識できるかどうかは、一般の人々が日常に用いる千姿百態の中で真空を明察できるかどうかにかかっていた。明察できるものは、思いのまま仁義を履行できる。明察できないものは、ただ事柄に即して外在的な基準によって仁義を美徳として意識的に履行できるだけである。無形の真空と有形の日用は、孟子の言う「庶物を明らかにし、人倫を察す(58)」の意味において一体となる。しかしより重要なのは、李卓吾は真空の議論を観念のレベルにとどめなかったことである。彼の形而下の理についての議論は、つねに一般の人々の日用をめぐって展開された。彼が繰り返し強調した、市井の小人の普通の言葉が有徳で、「人人」はみな聖人になれるという議論と結びつければ、李卓吾の真空に関する議論は、天則と仁義を思考し直す道筋を提起したと言える。それは市井の民の日常の営みを天則として肯定する思考であって、その論理において、清代初頭の民の自私自利の承認を導いた。

李卓吾は、「聖人は、人が必ず能くすることを責《もと》めない、であればこそ人人はみな聖たりうる」と述べた。人人はみな聖人たりうると言うのは、聖人が人に垂示すべき何か格別の「已むを容れざる」道理を持つことはないということである。この引用文は耿定向との論争の中で書かれたもので、その前後をふまえて理解する必要がある。文章の前後を見ると、耿定向の考える「已むを容れざる」に対して、それは理学を絶対の前提とした人為的な努力であって、それゆえ「作偽」であると批判し、自分の「已むを容れざる」は無意識のうちに自然に完成する状態であると強調していた。この論争において、李卓吾はたびたび、

(57) 李卓吾『焚書』巻一「答鄧石陽」、『焚書　続焚書』、四―五頁。日本語訳は『近世随筆集』、三四〇頁。
(58) 『四書章句集注』、二九四頁。

農民と漁民の有徳を強調し、孔子だけをもっぱら正統とする必要はないと主張した。しかし、李卓吾の論述を、耿定向の偽道学に対する批判とだけ捉えると、重要な思想的契機を取り逃すことになる。李卓吾は耿定向との論争を通じて、明末の形而下の理に含まれる「一般の人々の日常」という根本的な内容を明確に打ち出し、さらにその根本的な内容からスタートして孔孟の道を再解釈したのである。実のところ、耿定向との論争以外の、仏法に関する解釈、儒学に対する理解など他の重要な文章も、この論争の文章と基本的論点において一致している。「已むを容れざる」の本心は、天則を理解し真空を察する唯一の経路であり、その条件を最もよく備えるのは、「身がしかじかのことを行なえば口もそのまましかじかのことを語る」市井の民であった。それは、市井の民が直接的に天則と真空に関する解釈を行うという意味ではない。そのようなことは「学者」の関心事でしかない。ただ市井の民は、作偽に忙しい学者に「有徳」の模範を打ち立て、穿衣吃飯（着ること食うこと）の本真の要求を天則の範疇に持ち込むのである。李卓吾の革命性は、彼が市井の価値によって偽道学の偽善を暴いた点だけにあるのではない。より重要なのは、彼が市井の日常生活の百態を人倫物理として肯定したことにある。李卓吾の「兵食論」「童心説」などは、どれもその意味における新しい価値意識を体現した。庶民の価値観は「すべて自己一身一家のために計慮して一厘だに人のためには考慮しない」[59]ものであり、「利に趨り害を避けるという点で、人人はみな心を同じくします。それを、天成といい、衆巧といい、そこに邇言（民の日常卑近な言葉）の妙なる所以もあるのです」[60]という。古より聖人の道とは無縁とされてきた人間性の本来の姿である私心が、李卓吾において、「邇言」の率直な表現を通じて、天の道につながるものになった。朱子の理学が唱えた天理の自然と克己復礼の命題は、ここにおいて、人生の百態に対する尊重へと転化されたのである。

天理に関する李卓吾のこうした革命的な転換は、かつて中国における初期近代の萌芽と解釈された。というのも、表面的に見ると、一般民衆の生活価値観の肯定、外在的倫理観の蔑視などが、西洋近代の「天と人との分裂」、「個性の解放」、「主体の確立」などといった基準に合致するように見えたからである。しかし溝口は慧眼をもってその解釈がじつは誤りであることを弁別した。溝口は、李卓吾を中国における初期近代の思想家と見ることは、現実に合致しないと指摘した。というのも、李卓吾であれ中国思想史であれ、天と人との分裂や個性の解放の方向に発展しなかったからである。西洋市民社会の理論と近代性の理論によって中国思想史のプロセスを解釈すると、整合性のある内在的な機制を見出すことが困難になり、さまざまな現象を、挫折や停滞に帰結させるしかなくなる。単純に西洋の理論を応用することでは、中国前近代の形而下の理は有効に分析できない。その内在的なロジックは、李卓吾と明末清初の思想家の緊張に満ちた論述の中に暗に示されているものであり、しかも特殊な形で継承されたものであった。

李卓吾の人倫物理に関する議論の核心は、「分別しない」ことにあった。自己を基準として人や物事を裁断しないことである。彼はさまざまな場面、さまざまなコンテクストの中で、再三にわたり「分別しない」を強調した。賢愚、貴賤、自己と他者を分別しないのみならず、さらには万物一体の仁を、多様な個別性が同時に共存する「大同」と解釈した。より重要なことに、それは人為の否定でもあった。李卓吾があらゆる人為的な要素を「作偽」とみなしたのは、前述のように、形而上の超越的な形態で社会生活に君臨する天理に対して、強烈に反対したためであった。こうした形而上の天理は、千変万化する生き生きと

(59) 李卓吾「答耿司寇」、『焚書　続焚書』、三〇頁。日本語訳は『近世随筆集』、三一一頁。
(60) 李卓吾『焚書』巻一「復鄧明府」、『焚書　続焚書』、四一頁。

した理を、固定して動かない不変の物に変えると考えた。作偽の学者は、固定化された理学の前提を事物の判断の根拠とするため、形而下の世間の百態の中で理（すなわち真空）の実際の姿を弁別することができない。それゆえ彼らは「仁義を行う」ほかに仕方なくなる。つまり、彼らは仁義の形而上的な教条を踏襲するほかに、仁義のことを行うことができない。李卓吾が求めたのは、人倫物理において真空を認識することであった。したがって彼は事柄の表面にはこだわらなかった。たとえば前述した、黄安の二上人が母を捨てて出家したことへの賞賛と、若無の母が修行のため若無が出家することを阻止したことへの感服は、表面的には似た二つの出来事に対してまったく逆の判断をした事例である。この例の核心は、出家して修行することへの判断にある。李卓吾は、出家して修行することそのものを、単独で判断できるとは考えなかった。生命を求める道の形は多様であって、決まった規則があるわけではない。

> だから、いやしくも道にさえ志すところあるならば、在家も結構、孔・孟は在家の人ではないか。出家も結構、釈迦仏は出家の人ではないか。／とすれば、現今の仏を学ばんとする人々は、釈迦仏が浄《じょう》飯《ぼん》王の位を棄てて雪山の中で苦行したというその形迹を学ぶのではなく、それがよく仏と成ったその道をこそ学ぶべきだ。また現今の孔子を学ばんとする人々は、孔子がよく在家の人でありえたという点を学ぶのではなく、まさによく孔子と成ったその道をこそ学ぶべきです。／もし在家のみを是なりとすれば、現今在家の身で聖門の道を学ぶものは多いわけだが、しかしそのうちで聖人たりえた人はいったい誰なのか。またもし出家を非なりとするならば、現今釈氏でないものが少なくないのに、仏に非ずと敢えて言い張ろうとしないのは、またどうしたことか。[61]

李卓吾が執着した形而下の理は、人倫物理において真空を認識することを特性として持っていた。まさにそれゆえ、必然的に、表象における千変万化、ないしは矛盾を入り口にして、生命の道の多様性そのものを透視しなければならなかった。人倫物理についての物化された指標にこだわって人倫物理を弁別することは、釈迦を出家と理解し、孔子を在家と理解するのと違わず、本末転倒を免れがたかった。

まさにその意味において、李卓吾も孔子を通じて聖人の道を明察はしたが、孔子本人を至上の偶像とみなさなかった。彼は孔子が聖人であることを否定はしなかった。しかし角度を変えて、聖人が聖人たるゆえんを再解釈した。李卓吾は、孔子が聖人であるゆえんは、子臣弟友の道が究めがたいことを深く知り、「いまだ能くせざる」と言ったからであった。これは自分を欺いていないことであり、だから真の聖人となる。孔子は、万物が自分と同体であると言い、聖人と愚人は一律であって、みな同類だと言い、真に「分別しなかった」。孔子の真の秘伝は、力を用いない「巧処」にあり、言葉に表しがたいものだったが、後世の人を教化誘導するため、人々の好みに合わせざるをえなかった。人々が名を好むのを知っていたので、かりそめに名目を立てただけである。真に類をぬきんでる学問は、用力を容れないところでのみ究められる。そのことを理解したのは孟子であった。それゆえ彼だけが「言ったことに味わいがあった」(62)。李卓吾は一つの転換を行い、孔子と孔子に代表される儒家思想および釈迦の仏教精神を、形而上化された絶対の次元から解き放ち、「形而下化」したと言えるだろう。

思想の形而下化の過程は、認識論の次元における革命的な転換であり、同時に明末の社会・政治構造の

(61) 李卓吾『焚書』巻一「復鄧石陽」、『焚書　続焚書』、一一頁。日本語訳は『近世随筆集』、二九六頁。
(62) この段落の引用は、順に、李卓吾「答耿司寇」、『焚書　続焚書』、三一、三三頁。日本語訳は『近世随筆集』三一二、三一五頁。

転換への具体的な呼応でもあった。溝口はそのような社会史的な視野において、明代中後期に起きた中国思想史の巨大な変化、およびその思想的転換における李卓吾の歴史的役割を捉えた。

溝口によると、陽明学は明末においてすでに時代を充分に把握することができなくなっていた。それは里甲制秩序の崩壊と、それによって発生した郷村の制度再建の過程が、新しい思想の観念を求めたからであった。李卓吾はまさにその時代に適合し、また時代を超越した思想人物であった。陽明学の「満街みな聖人」が、良知あるいは固定した善を基準として命題を立てたのに対して、李卓吾の聖人観は、善は固定した性質を持たず、それゆえ無善であると主張するものだった。この無善の善は、普遍的かつ具体的に存在する「已むを容れざる」であった。その普遍性は、抽象的な超越として存在するのではなく、個別性を持った目の前のものでありながら、人々がみな備える「已むを容れざる」の自然の本真状態として現れた。こうした普遍の境地は、自分を聖人だと思わない真の聖人の状態でもあった。王竜渓の言葉を借りれば、自分を是、人を非とし、「有我」によって自分と他者を区別し、上から下に向けて秩序・倫理を人に強いることはできないのである。だからこそ、李卓吾は「人がその性の真なるものに率《したが》い、それを推拡することによって天下人人と公となる」という公と私に関わる命題を提起したのであった。この命題は後の黄宗羲の万民の私についての議論と潜在的な関連があった。また溝口自身も、この視野からスタートして、「公と私」に関する比較社会史研究を後に生み出した。(63)

明末清初の中国思想史の大転換は、中国の郷村社会の大転換と直接的に関わっていた。溝口は、李卓吾の思想が現実的な政治性を持っていたことを明確に指摘し、李卓吾の無善無悪は善の否定ではなく、上から下に向けた抽象的な「善」を否定しただけであり、それゆえ「至善」であり、そのような至善こそが真に民衆の中に存在しえると強調した。また欲望の強調も、欲望の放縦を唱えたわけではなかった。李卓吾の晩年の自己を厳しく律した個人生活に示されているように、彼は社会の人が必然的に持つ欲望の真実の姿を原理的に説明し、そうした混沌の「理の自用相」の上に政治統治の重点を置こうと試みただけであった。溝口は、李卓吾の無人無己はある種の万物一体の政治観であり、聖人や君主を民衆のカオスの中に引き入れ、封建身分制度のもとの支配と被支配の関係を再解釈し、「兵食」と「人人」の私的な関係を再構築しようとしたものだと考えた。李卓吾は近代的な意味における反封建政治思想家ではなかったが、封建統治の身分秩序のロジックに、民衆の人倫物理を持ち込んだ。また彼は、万物一体の天観を背景とする公と私の理解をもたらした。それは西洋近代の意味における公私の観念とは異なるものであり、同時代の他の中国思想家とさえ異なっていた。それは彼が超越的な思惟の権威を徹底的に否定して、民の日常生活の次元において万物一体の仁を構築したからであった。

李卓吾が人間性の私欲を肯定したことは、罪を問う口実とされ、晩年の牢獄行きの災いを彼にもたらした。もし倫理学の発想によって李卓吾の考えを理解するならば、欲望の肯定にある種の潜在的な危険があることは確かである。彼が生前も死後も非難されたことを見ても、彼個人の生活における厳格な道徳的操守だけでは、欲望肯定の道徳的正当性を保証するには足りなかったことが分かる。もし李卓吾が倫理学的な意味においてのみ欲望の正当性を強調したのだとしたら、彼の思想の役割も割り引かれることになる。溝口は正面からこの問題を扱うことはなかったが、李卓吾の形而下の理は単純な思想解放や個性の称揚で

(63) 李卓吾「答耿中丞」、『焚書 続焚書』、一六頁。日本語訳は『近世随筆集』、三〇八頁。

はなく、また単なる市井の小市民が利益を追求することの道徳的肯定でもなく、ある種の新しい政治的構図であることを、鋭く見抜いていた。溝口は以下の李卓吾の言葉を引用したが、ここに溝口ならではの精巧な思考があることは確かである。

そもそも天下は至大、万民は至衆である。物が不斉であるのは物の情である。……かの政教が民の心を格《ただ》し教化に帰服せしめえないのは、すきまのない禁約の条項によって民を特定の条理に帰就せしめようとするからにほかならぬ。……これは天下をむりやり己に従わせ「礼」に従わせようとするもので、人人は自然それに堪えられなくなり結局は背かざるをえない。そこで刑を用いてこれを威嚇する破目となってしまうのだ。……そもそも天下の民がその生を遂げその願うところを得るならば、心を格し教化に帰服しないものは一人もあるまい。世儒は、「礼」とは人心の同じく然るところをいいこれはもともと千変万化活潑潑なる理であることをわきまえず、逆に一定不可易のものとしてこれに固執する。……そこで有徳の君主といえども政刑を用いることを余儀なくされる。(64)

李卓吾のこの政治観念が、後の黄宗羲の、皇帝の大私と民の私に関する論述と内在的な関連を持っていることは疑いない。明清時代に展開された民生の権利と自主性を獲得しようとする政治的な思想を切り開いたと言うことができる。しかし、李卓吾のこの思想は、二重の敵を招くことになった。晩年の牢獄行きの災いを見ると、彼に対する迫害は、政治的に対立していた二つの方向からなされた。まず、李卓吾を迫害した政治勢力は東林派の政治家であった。万暦二八年（一六〇〇年）、東林派に近いとされる馮応京［一五五五―一六〇六］が湖広按察司の僉事になり、湖北で李卓吾を追放し、李卓吾が居住していた芝仏院を焼き払うという実際的な迫害を行った。二年後、東林派の代表的人物であり察院礼科の給事中であった張問達［?―一六二五］が、李卓吾の弾劾を上奏した。理由は主に三つであった。第一に李卓吾が歴史上の無道な統治者を崇拝したこと、第二に行いが放埒で、妓女を弄び、良家の子女をかどわかしたこと、第三に孔子の名教を離れ禅宗の僧侶に沈溺するようそそのかしたこと。ところが他方で、万暦皇帝［一五六三―一六二〇］の考えは、「欲望の放縦」批判に重きを置く東林派とは異なっていた。万暦皇帝は李卓吾のスキャンダルの真偽は問わず、罪を厳格に、「敢えて乱道を提唱し、世を惑わし民を誣告した」と、政治のレベルに限定した。(65) 明末の皇帝宦官と地主士大夫官僚の間には、鉱税や世継ぎ問題を導火線として、根深い対立が存在していた。李卓吾という異端を迫害する点においては同じ立場に立った万暦皇帝と東林派の間にも、王朝体制に対する異なった構想に由来する対立があった。実のところ、後の魏忠賢時期に東林派人士が殺害された災いと比べると、李卓吾が受けた迫害はまだ温和であった。李卓吾を直接的に迫害した馮応京と張問達も、後には東林派であったがゆえに左遷された。つまり、李卓吾と朝廷および東林派の対立が示しているのは、「封建体制に対抗する」といったものよりもはるかに複雑な政治力学関係であった。その核心にあったのは、明末の里甲制解体過程における新しい政治構想の間の齟齬であった。

李卓吾の形而下の理に関する論述、人の欲望の正当性についての論述を、この時代状況において、道徳的課題とだけ理解することはできない。実際には、李卓吾はほとんどユートピア的な政治構想を模索し、解釈していた。前に引用した『道古録』にあるように、李卓吾が考えていた理想の政治とは、万民が「不

(64) 李卓吾『道古録』巻上「第一五章」、張建業主編『李贄文集』第七巻、社会科学文献出版社、二〇〇〇年、三六四―三六五頁。溝口雄三『屈折と展開』、一五六頁。
(65) 許蘇民『李贄評伝』、南京大学出版社、二〇〇六年、一六五―一八〇頁、参照。

斉」である基本的状況を承認するべきものだった。つまり、膨大な人数がいてしかも人によって異なる万民を、一つの決まった綱常に統一することはできない。その基準は、つねに変動する具体的な状況の中で千変万化の形態として現れるもの、すなわち「活潑潑なる」形而下の理にならない限り、政治の働きを有効に果たすことはできない。権勢者と士大夫階層は、「吾の条理」によって唯一の金科玉条を作り上げ、天下の人に対して自分の作った道理に服従するよう強制するが、それは「物が不斉である」情理に背いており、抵抗されるのは必然である。そのために「刑を用いてこれを威嚇する」ことが余儀なくされる。李卓吾が構想した「天下の民がその生を遂げその願うところを得る」という、「欲望の放縦」とも言われる状態は、民の個体から出発した個性解放の要求ではなく、「心を格し教化に帰服しないものは一人もあるまい」の政治状況を構想したものであった。言い換えるならば、誰もが各々適所を得られるようにすることが、李卓吾の構想した国家統治の基礎であり、その具体的な目標は「天下が帰心すること」、すなわち儒家の伝統的仁政にあった。明末になると、かつて活力を持っていた朱子学は教条と化し、かつて革命的であった陽明学も転換に直面していた。李卓吾はそのような歴史的条件のもとで、新しい歴史の要求に符合した政治統治の構想を練り上げた。溝口もまた、その歴史のポイントにおいて、李卓吾に特別な意味を付与した。溝口は、李卓吾が明末になされた曲解ないしは汚名を着せられる経歴、および東林派に対する深い研究を通じて、歴史の巨大な転換期の厳しい状況と混沌を見出し、彼が一生をかけて構築する中国史の論理のための重要な手がかりを手に入れた。

李卓吾が追い求めた形而下の理は、特定の政治的意味を持っていたため、学問上の認識の枠組みに関わる議論にとどまらないものになった。とはいえ、主たる論敵である東林派との論争を通じて、彼はやはり認識の枠組みのレベルにおいて創造性豊かな哲学的思想を提起した。真空、已むを容れざる、無善無跡の論述において、かつて超越的な価値とされた理が、形而下の「一般の人々の日用」の形態を帯びるようになった。しかしそれは李卓吾の思考の終着点ではなかった。李卓吾が続けて問うたのは、いかにして形而下のレベルにおいて「真空」の理を獲得するか、言い換えるならば、形而下のレベルの普遍性はいかにして実現しえるかという問題であった。それは「鄧石陽に答う」の核心の問題でもあった。李卓吾は形而上の「吾の条理」を否定し、万物が単純に一に帰結できない「不斉」の正当性を強調した。そのとき彼が直面したのは、前節において触れた溝口の比喩で描かれた境遇であった。すなわち、何ものにも依拠しない状態で懸崖から踏みだし、懸空に飛翔することだった。

しかし李卓吾のこの境遇への対処法は、異なったやり方であった。そこに、彼が「人倫物理において真空を認識する」ことと「人倫物理を人倫物理の形象の場で弁別する」ことを区別した深意があった。「人倫物理において真空を認識する」は、彼がその直後で強調した、真空とは言うところの「空は空ずるを用いず」であるという主張と結びつけて理解する必要がある。すなわち、「人倫物理において真空を認識する」とは、彼が「耿中丞に答う」で孔子の類をぬきんでる学問について語ったのと同じく、一己によっては言語化することができないものであった。より重要なのは、この真空は「終に空ずる能わず」であったことである。この点について、彼は「経文を解す」でより明晰に説明している。

世間には自己の心地に不明なある種の人がいて、吾が真心は太虚空の如くで相の得べきもないのだが、祇《た》だ色相が交雑するによって昏擾やすからずそのゆえに空でなくなるのだ、と考える。そして必ず諸《もろもろ》の所有を尽く空じて後にはじめて吾が無相の初は完うされ、これぞ空と為すことだとも考える。

一体空と為されうるものならなんでこれを真空と謂いえよう(66)。

仮設の原初の状態に戻ることが可能で、それによって後天的な障碍を取り除き、無相の境地に達し、最終的には太虚空の境地に到達できるという考え方を、李卓吾は作偽と批判した。なぜならば真空は人為的に設定できないものだからである。より重要なのは、空とは「無相」ではなく、諸々の所有をすべて空じることでもなく、不定の相であること、つまり人によって異なりしかも「不空」に仮託される諸相であることだった。それゆえ学者は「人倫物理において真空を認識する」ことが必要になる。いわゆる「終に空ずる能わず」とは、つまるところ、人は心相のレベルにおいて超越することは不可能であることを意味している。したがって、心相は真心の現れであるが、真心は色身の中にはないことになる。

李卓吾はそこから形而下の理の「普遍性」を限定した。それは抽象的に超越されえない「真空」であるが、別の超越性を備えていた。その超越性は「人の空ずる能うところ」のすべての作偽を拒絶し、抽象の統合によって確定・物化されることを拒むところに現れた。ただ一毫の人力も含まないという意味においてのみ、真空は超越になった。しかしそれは、人の心相と色身を借りて現れるしかなかった。言い換えるならば、心相だけが真空を識別する唯一のルートであった。それゆえ形而下の理の普遍性は、個別の中に存在するこうした「力を含まない」超越性として現れた。それは実のところ、上からの「吾の条理」を制約するものでもあった。李卓吾は、その意味において、孔子の類をぬきんでる学問が、力を用いない「巧処」にあったと強調した。李卓吾は、孔子によって代表される儒家の政治理念が、「麒麟も凡獣も同じく走り凡鳥も鳳凰も同じく飛ぶ、全てが同類という(67)」ような社会状況を生み出すものだと考えた。その状況が何より求めたのは、万物が「不斉」で聖愚が一律であることの肯定であった。個体は、「吾の条理」を天下に強制する考え方（これはまさに李卓吾と耿定向の論争における重要な分岐であった）を徹底的に排除することによってのみ、思いのままでありながら矩を超えない「天人合一」の状態に到達でき、主体と客体が天人合一の状態にあるときはじめて真空が獲得され、普遍性が獲得された。普遍性を獲得する媒介は、ヨーロッパ式の天と人との分離ではなく、中国式の天と人との合一であった。それこそが、李卓吾にとって、中国の明清思想史にとって、そして溝口雄三の中国の歴史の基体論にとって、決定的な意味を持った。

（66）李卓吾「解経文」、『焚書　続焚書』、一三六頁。日本語訳は『屈折と展開』、一六六頁。
（67）李卓吾「答耿司寇」、『焚書　続焚書』、三三頁。日本語訳は『屈折と展開』、八六頁、『近世随筆集』、三一五頁。

六　方法としての中国——経験の奥にある構造的な想像力

李卓吾への沈潜により溝口雄三は驚異的な学術的成果を生み出した。李卓吾の独特な思考は、明末清初という歴史転換期における特定の矛盾を集約的に示したのみならず、彼の徹底した已むを容れざる精神による形而下の理は、中国思想史の内在的な理路を照らし出した。溝口はテクストの精読を通じて、李卓吾の思想的養分を最大限活性化し、前近代中国思想を構造的に描き出した。

李卓吾の「人倫物理において真空を認識する」は、溝口の方向を切り開いた。通常の学術習慣と異なり、溝口が一生をかけて追究した基本的な問題は、生命の「飢餓感」と結びついた素朴な問題であった。中国の歴史には自身の原理がはたしてあるのだろうか。どうして中国史に対する既成の解釈は李卓吾に有効でなく、中国思想が伝承されてきた複雑な過程にも有効でないのだろうか。中国の「近代的思惟」は一体いかなる内実を持っているだろうか。それはほんとうに前近代において挫折したのだろうか。

ある意味において、溝口は中国思想史研究において李卓吾と似た位置にあったと言える。溝口がまだ大学院生で李卓吾を充分に精読できていなかった頃、日本の中国学はすでに黄金時代を迎えていた。島田虔次、荒木見悟などの中国思想史の大家に代表される、伝統的漢学とは異なる中国思想史研究は、堅実かつ全面的に史料を発掘・蓄積し、しかも多くの歴史人物と歴史事件に対して奥深い解釈を行っていた。大まかな思想伝承の意味において比較するならば、日本の中国学研究は、この時期、陽明学の明代中期から後期に向けての過渡的段階とほぼ似た位置にあった。それは卓越した創造を成し遂げ、曖昧な伝統的漢学のくびきから徹底的に解き放たれ、また津田左右吉、内藤湖南などの大家に代表される支那学と東洋学の遺産も継承および止揚していた。溝口の世代はとても高いスタートラインを手に入れていた。

しかし溝口はそれでも「飢餓」を感じた。彼が飢餓感を感じた契機は、李卓吾とその「已むを容れざる」飢餓状態であった。

溝口が島田虔次の李卓吾研究および島田の名著『中国における近代思惟の挫折』に疑問を呈したとき、彼は島田の具体的な個別の研究に挑戦したわけではなかった。実のところ、溝口は自分の著作でしばしば明代の思想人物および事件に関する島田の分析を引用している。溝口が疑問を呈したのは、島田の学術的な前提であった。李卓吾という多義性を持つ思想人物において、島田と溝口の分岐は最も明確に現れた。島田において、李卓吾は明末中国の早熟な近代思想家であった。李卓吾の「童心説」は、個人の主体が天理から独立する「天と人との分裂」の思想を代表していて、欲望の肯定は、近代思想の特質をはっきりと示していた。ところが溝口において、李卓吾の個人意識および欲望に対する肯定と強調は、天と人との分裂を示さないのみならず、逆に天人合一の最も力強い根拠となった。溝口は後に、中国思想史のキー概念を解析する一連の論文において、この問題意識をさらに深め、啓発的な問題を提起した。中国思想は唐宋を境として、伝統的な天人相関論を離れた。それはとくに朱子学において頂点に達し、ヨーロッパ思想史のような天と人の分離の条件が整ったことを暗に示した。しかし中国思想はそのような分離を生み出さなかったのみならず、逆に新たな天人合一に向かった。それはどうしてなのか。

溝口は李卓吾に新たな天人合一の特徴を感知した。それは天を中心とする上からの合一の状態ではなく、重心を天から人間世界に移動させ、真に多元的で形而下的な形態を帯びたものであった。溝口の見るところ、こうした新しい思想の要素は、程顥［一〇三二—一〇八五］・程頤［一〇三三—一一〇七］とくに朱子［一一三〇—一二〇〇］の天理観念に端緒が現れ、陽明学とくに王竜渓の無善無悪論を経て、最後に李卓吾にいたり真空についての認識によって確立した。上からの「天則」に対する李卓吾の抵抗は、おおまかな意味での「封建制度への対抗」ではなく、孔子に対する「不敬」な言論も、聖人の道を硬直化した偽道学から救い出そうとした試みに過ぎなかった。李卓吾の思想のすべての努力は、後の黄宗義と同じく、西洋式の個性解放や個人の権利の提唱とは無縁で、中国の歴史の内在的ロジックに従っていた。

島田の時代、中国研究の基本的な課題は、いかにして中国停滞論の束縛を突き破り、伝統的支那学の中国蔑視イデオロギーと対決するかといったものであった。島田の李卓吾など明末清初の思想家に対する「西洋式」論述は、その意味において相応の革命性を持っていた。中国に西洋的な近代があることを証明する論述は、その後の中国学に現れる「中国革命価値観」と同じく、進歩的な思想を代表していた。

しかし、ある段階における歴史的役割と、思想の原理的な論述とは、つねに異なった次元にある。島田の世代の思想家が挑戦した上の世代の支那学者も、かつては特定の歴史的役割を担っていたように、こうした時代の課題に直接的に応答する思想命題は、その時代が収束すると歴史的使命を終えることになる。しかし真の思想の生産は、つまるところ原理的な側面を持っている。その次元は、歴史のある段階の役割が失われたあとも、なお伝承されえる。朱子学がその後の時代において硬直化した教義になったとき、朱子学の原理的な要素は陽明学に伝承された。ただその原理は止揚されることで転化したのである。陽明学が明代の後期、時代状況に応えられなくなったとき、王学左派ないし李卓吾が、同じように止揚することでその活力を転化した。最も激烈で徹底していた李卓吾は、あまりに遠くまで行ったため、思想においてもともと同じ道を歩んでいた東林派に強烈に否定された。しかし明末清初の時期に必ずしも李卓吾を敬わなかった黄宗羲、顧炎武［一六一三―一六八二］、王船山［一六一九―一六九二］、さらには清代中期の戴震［一七二四―一七七七］も、実際には、李卓吾の童心説、兵食論および克己復礼観を発展させ、再構築したのであった。

津田左右吉の世代の支那学の成果を朱子学に比することは難しいし、島田たち中国学者の成果を陽明学と同一視することも難しい。もちろん溝口を直接的に李卓吾と考えるのもふさわしくない。しかし私たちが、溝口の歴史への眼差しによって日本の中国研究を見ることができるならば、次元および思想の内実において彼らと彼らの研究対象を同列に論じることはできないものの、ある点では似ていることが感じ取れるかもしれない。すなわち、彼らの思想伝承の方法には、批判的な継承という特質が備わっていたことである。

島田虔次の『中国における近代思惟の挫折』は一九四八年に出版された。同じ年、竹内好［一九一〇―一九七七］が名論文「中国の近代と日本の近代」を発表している。溝口は、島田と竹内からそれぞれ異なった精神的滋養を受け取ったと言うことができよう。島田のおかげで、溝口は自覚的に、中国思想史に連続的かつ構造的な歴史叙述を作り上げる目標を打ち立て、そのために儒学の役割を高く評価し、長い歴史の眼差しによって中国近代の完成への過程を観察することができた。また竹内のおかげで、溝口は進歩と落伍の価値判断を反転させる能力を手に入れ、それによって竹内が「回心」あるいは「抵抗」と称した中国思想と文化形態に対して真の意味で平等な学術的関心を持つことができた。

そうした学術的遺産および思想的遺産は、溝口にとって良質な滋養となった。しかし溝口はそれでも自己の「飢餓感」を解消させることができなかった。一九七〇年代に溝口が立っていた歴史的段階において、新しい歴史的な要求が生まれていた。それは、内在的かつ構造的に中国史のロジックを解釈し、そのロジックに符合した中国の原理を練り上げることであった。

文革後期、冷戦構造に隙間が生まれ、日中間で国交が回復した。しかし日本社会の中国に対する冷淡な態度ないし蔑視は、依然として改善されなかった。同時に、西洋社会に対する盲目的な崇拝も、増えるばかりであった。溝口が『中国前近代思想の屈折と展開』の執筆を始めたとき、竹内がかつて強烈に批判した「優等生文化」は、いまだ日本の学術界で中心的な地位を占めていた。学術界でモデルとされたのが、市民社会理論をはじめとする西洋理論だけでなくなり、革命中国のイデオロギーが加わっただけであった。

溝口が李卓吾から受け取った滋養は、おそらくはそのような時代環境だったからこそ、彼に特別な問題意識を生み出させた。彼は島田虔次の方法にならわないことにした。すなわち、中国思想史の外に有効な概念を求め、それによって中国を蔑視する学術的思潮に回答することをやめた。そして、中国思想史研究において、思想の分岐に関わる現実的な責任意識を暫時「棚上げ」して、もっぱら歴史の脈動の「真を求める」ことに専心した。

溝口の見るところ、島田は極めて創造的に宋以来とくに明清の歴史の中に思想史の持続的な発展の脈絡を示しはしたが、しかし「それ以外に方法はない」やり方をとった。つまりすべてヨーロッパ由来の思想の概念に依拠して、中国の歴史にヨーロッパを読もうとした。言うまでもなく、中国の歴史を西欧とまったく異なると考える「停滞論者」に対しては、島田の思考は強力な挑戦となっている。しかも彼は杜撰なレベルで西欧の概念を応用したのではなく、中国にも歴史があるという視野において中国のうちに「ヨーロッパを読もうとした」。しかし、問題は、島田がはっきり言明しているように、これは「それ以外に方法はない」やり方だったことにある。島田は「あとがき」でこう述べている。

最初から中国の独自性をかかげて理解を断念するよりは、もっともよく整備されているヨーロッパ風学問の諸概念をインデックスとして、つまり、中国のうちにヨーロッパを読もうとして、まず、進む以外はない。問題はむしろ、その先にある。そのインデックスにかからないものにゆきあたったとき、どうするか……。(68)

どうするかについて、島田は語らなかった。島田が語らなかったことを、溝口は正確に理解し、当時の時代における島田の特定の学術的立場を読み込んだ。島田の時代において、ヨーロッパの概念を借りて「ヨーロッパ的」な分析をするほか、中国を理解する道はなかった。しかもヨーロッパ的な分析をしたとしても、まったく理解を欠いたまま直接的に中国の特殊性を強調するよりは意味があると島田は考えていた。アジアと中国の停滞こそが特殊性であると考えられていた当時の時代風潮において、中国の特殊性を強調することは、中国に歴史がないと強調することを意味していた。しかし溝口は、自分の時代においては、「内在的に中国を理解すること」が必須の前提となったと考えた。島田が当時とった戦略は、彼の研究に致命的な欠陥をもたらすことになった。島田は、一方では、中国思想史にある種の体系性があることは確かであると言いながら、他方では、ヨーロッパ思想の概念を借りて分析しても、その体系性は姿を現

(68) 島田虔次『挫折』第二巻、「あとがき」、二五九頁。

すことができず、むしろ中国思想はヨーロッパの鏡にうつることで断片的に、ゆがんで、錯綜して現れると認めた。[69] しかし、半世紀をへた後、溝口の世代の人間にとって、中国の歴史的原理に符合した概念と視角を樹立することが、現実的な課題となった。ヨーロッパの概念によって中国を解釈することに、もはやかつての進歩性はなく、むしろ弊害が明らかになりつつあった[70]。

竹内好の近代に関する論述に対しても、溝口は疑問を呈した。竹内好のような思想家については、溝口は島田に対するような自在な読解はできなかったが、興味深い事実を提起した。竹内好は厳格な意味における学者ではなかったが、溝口の世代の人間に影響を与えた。その影響力は、厳格な学術的能力を持っていた島田虔次を超えるほどで、戦後日本の中国研究の基本的な視野を確立した。

その視野とは、価値観において西欧を基準とする近代の観念を転覆させ、進歩と落伍といった単線的進化論を否定し、落伍者とされてきた中国をプラスのイメージによって認識し、そこから日本の優等生文化の誤りを総括し、否定することであった。竹内のもたらしたこうした思考によって、戦後日本の中国学研究は中国革命への憧憬を持ち、同時に日本文化への自己批判を行った。

おそらく竹内自身は思いもよらなかったと思われるが、竹内の下の世代の中国学者たちは、特殊なやり方で竹内の思想を継承した。彼らは竹内の「学術的な曖昧さ」への批判を自己の学術の起点あるいは動力にした。溝口もその中の一人であった。溝口は竹内に対して二つの問題を提起した。第一に、竹内好の近代観は、ヨーロッパ近代に対する反命題として、実のところヨーロッパの制約を受けているのではないか。第二に、中国の近代を理想化すると同時に、竹内は日本の近代を徹底的に否定したが、その判断は、肯定と否定という単純な態度によっているため、ともにある種の反歴史的な視野となっており、その視野によっては、客観的な中国研究を生み出せないのみならず、客観的な自己認識と日本研究も生み出せないのではないか[71]。言い換えるならば、竹内好の中国認識は、強力な思想的エネルギーを持っているものの、新しい中国学研究を樹立するための認識の枠組みとするには有効でないのではないかと述べた。

溝口は晩年になって竹内好を再読し、竹内好の思想の歴史的な役割を再度論じようと試みたし[72]、若い頃の溝口の竹内批判に偏りがあることも確かである。しかし若い頃に竹内を批判したとき、彼が直面していた問題は極めて重要であった。島田のような「中国にヨーロッパを読もうとする」方法では中国の歴史に深く入り込むことができないのみならず、竹内のような「中国に回心（抵抗）を読もうとする」方法でも中国の歴史に深く入り込むことはできないと、溝口は意識していた。竹内好本人は、中国思想史に関する「学術的研究」を試みたことはなかったが、彼の影響力のもとで、中国学の領域において中国革命に対す

（69）島田虔次『挫折』第二巻、「補論」、二一一頁参照。注意すべきこととして、島田は、中国思想の体系性を表現できない無念を述べたあとすぐ、中国思想史に「ヨーロッパを読もうとする」努力を続けることによってのみ中国思想独自の価値を見出すことができると述べ、さらにその価値の存在を疑わないと強調した。島田の世代の人間にとって、溝口が感じた認識に関わる困難は、問題になっていなかったことが分かる。

（70）溝口雄三『屈折と展開』、「序章・五　李卓吾の評価をめぐって」、二四―三三頁、参照。

（71）溝口雄三「〈中国の近代〉をみる視点」、『方法としての中国』、東京大学出版会、一九八九年、五―九頁。中国語は「考察〝中国近代〟的視角」、『作為方法的中国』、孫軍悦訳、三聯書店、二〇一一年。

（72）たとえば中国語による論文集『中国的思惟世界』（溝口雄三・小島毅主編、江蘇人民出版社、二〇〇六年）の序文において、竹内好の『魯迅』と「中国の近代と日本の近代」への再評価をはっきり打ち出した。この時、溝口は、彼が努力してきた「中国研究の客観化」を初歩的に完成させていたが、そこで新たな困難に直面した。すなわち「学問のための学問」が中国研究でも主流になっていた。それゆえ、溝口は竹内好に戻り、主体性を打ち立てるための思想的な源泉を掘り起こした。その意味において、彼は竹内好の思想を正確に評価していた。

る肯定的な評価が生まれたことは確かであった。それに溝口は危機を感じ取った。竹内好による中国研究の主体性についての追究を、中国学の研究そのものに直接的に応用したら、学術的議論の曖昧化とイデオロギー化がもたらされるに違いない。西洋を参照することで中国の近代を断片的で、ゆがんで、錯綜していると考えることも、他方で中国の近代は西洋を超越してより一層進歩的であると考えることも、つまるところ西洋の色眼鏡をかけて中国を見ていることになるのではないか。溝口の問題は、どうして色眼鏡を外すことができないかにあった。彼は「中国がおくれているかどうかという一般的な命題は成り立ちようがない(73)」と強調した。

溝口がこの文章を書いた一九八〇年代、彼が問題と考えていた「中国なき中国学」は、伝統的な旧漢学のことだけを指していたのではなく、中国革命に強く共感する進歩的中国学者の中国学をも含んでいた。進歩的中国学者の多くは、竹内好の日本に対する厳しい批判を受け入れ、それゆえ中国に強い憧憬を持っていた。溝口は敏感にも、たとえ日本のナショナリズムが静かに復活しつつある状況下にあって、こうした進歩的立場が良知に基づいて中国に共感したとしても、ナショナリズムへの直観的な否定によって真の中国学を生み出すことはないだろうと見抜いていた。なぜならば、こうした学術的立場は、中国を原理として分析できず、中国を日本あるいは西洋の「反命題」として理想化するにとどまるからである。

同じ問題意識からスタートして、溝口は別の論文において、西順蔵〔一九一四―一九八四〕の思想を例として批判を展開した。

西順蔵は日本の中国哲学研究に大きな功績をあげた大家であり、溝口雄三の前の世代の学者であった。溝口の見るところ、西の中国思想研究は、「超近代」論であった（明らかに、西の進歩的立場を尊重して、「近代の超克」のような複雑な連想を生みがちな表現を避けた)。つまりヨーロッパの近代に対抗する立場である。西の転換期中国に関する分析を、溝口は以下のようにまとめた。中国はアヘン戦争以来、洋務から変法まで、つまり「西用」から「中体」まで変革がなされ、最後に残されたのは中国農村だけになった。それは「ヨーロッパ的遠近法」からすれば「古代的であったり封建的であったりまたは超古代的であったり」の停滞的な「旧中国の底部」であった。その主体である「人民」は、ヨーロッパの近代的国民たる主体の契機を持たないため、封建、帝国主義、資本主義制度のもとの階級統治を拒むような「否定的」な「主体」となり、最後には中国共産党の実践によって「ひとりひとりが主体的に思想をもつところの人民総体」となった。西順蔵はこの「否定的弁証法」の前提の下で中国革命を肯定した。たとえば彼は文化大革命を「文化のない人民から文化を創出する」と解釈し、農村が都市を包囲する革命運動を「ヨーロッパに規定されない」中国の「これから」として提示した(74)。

溝口の疑問は、中国革命の独自性を論じ、ヨーロッパの中国停滞論を否定しようとするのに、どうして最初から「中国的遠近法」を用いず、わざわざ回り道をしてヨーロッパのレンズを取り寄せるのかという点にあった。溝口は鋭く、それは西がヨーロッパ的中国から自分をとりもどす必要があったからだと指摘した。自分をとりもどす方法として、ヨーロッパの遠近法で「落伍」とされている部分を肯定した。たとえば西は、ヨーロッパの「人格」的個に対置して、毛沢東の「総体人民の哲学」を肯定した。それに対し

(73) 溝口雄三「近代中国像の再検討」、『方法としての中国』、四四頁。中国語は『作為方法的中国』、四二頁。
(74) 溝口雄三「近代中国像の再検討」、『方法としての中国』、四〇—四五頁。中国語は『作為方法的中国』、四〇—四二頁。

て溝口は以下のように指摘した。

個と総体とは原理的に裏返しの関係にあり、そのかぎりで「ヨーロッパ的体系・世界そのもの」が「中国によって逆に批判され規定され」たといわば言えるが、その逆批判・逆規定はヨーロッパ的体系・世界「そのもの」を基準としてなされたものであり、したがってその「逆」は当初からヨーロッパ的体系・世界に規定されていたのだ(75)。

西洋の進歩史観を拒絶した西順蔵は、その方法が西洋によって認定された「落伍」を肯定するものであったがゆえに、結果として逆に、その論理を共有することになり、進歩史観の陥穽にはまったのである。溝口の西順蔵の革命哲学に対する疑問は、清末民国初の中国啓蒙知識人に対する疑問とも関わっていた。厳復［一八五四―一九二一］から康有為［一八五八―一九二七］、梁啓超［一八七三―一九二九］にいたるまで、また陳独秀［一八七九―一九四二］から毛沢東［一八九三―一九七六］にいたるまで、形態こそ異なっていたが、みな「落伍」の価値判断を共有し、それを前提として革命の必要性を述べていた。溝口は明らかに、そのようなイデオロギーは、中国の歴史の歩みを正しく認識するには有害であると考えた。国民生産の指数だけによって文明や歴史を捉え、価値判断をするのは正当でなく、しかも容易に、自分の持たないものを追い求めるがゆえの不満足感を生み出すと、溝口は考えた。

西洋の近代価値体系に対する溝口のこうした態度は、「反西洋」とみなされがちであるが、それは正しくない。島田が西洋の概念を用いて中国を読むことに疑問を呈したとき、溝口が問題にしたのは、西洋の概念を使ったことではなく、そうしたやり方が西洋の概念を前提としたことであった。溝口は、ヨーロッパから見れば中国は断片的にゆがんでいるだろうが、逆に中国から見れば、違う形でヨーロッパも断片的にゆがんでいるのではないかと問うた[76]。ここに溝口の立場を理解する重要な手がかりがある。溝口本人は、その著作において、「普遍性」、「個性」、「自由」など、ヨーロッパの概念を使うことを拒まなかった。したがって彼は直観的な意味における「反西洋中心論者」ではなかった。溝口が反対したのは、ヨーロッパの概念を絶対的な前提としてアジアの歴史を考えることであって、相対的な意味においてヨーロッパの思想と歴史を参照軸として比較することではなかった。

一九八七年、彼は著名な論文「方法としての中国」を発表した。題名から見ても、基本的な思考の方法から見ても、溝口が竹内好の「方法としてのアジア」を受け継いだことは明らかである。溝口と竹内の文章は、どちらも強烈な批判精神を備えているが、両者に共通する特徴は、批判を目標としなかったことである。溝口が中国を「方法」とすることを強調したのは、彼が中国という前提を絶対化しようとしたからではなく、「自由な中国学」を作り上げようとしたためであった。それは、竹内好がヨーロッパ中心主義に対抗するアジア主義者であったとしても、アジアを「方法」に転化させる必要がなかったのと同じであった。

溝口は、「中国を方法とするということは、世界を目的とするということである[77]」と述べた。それは世界に対する感覚のあり方であった。「中国を目的とする」既成の中国革命史観と異なり、「中国を方法とする」ことは、中国に対するアイデンティファイを目標としなかった。中国は研究対象であり、実体という

(75) 溝口雄三「近代中国像の再検討」、『方法としての中国』、四三頁。中国語は『作為方法的中国』、四二頁。
(76) 溝口雄三『屈折と展開』、二六頁。
(77) 溝口雄三「方法としての中国」、『方法としての中国』、一三七頁。中国語は『作為方法的中国』、一三〇頁。

よりは、むしろ極めて流動的なメカニズムであった。溝口が関心を寄せたのは、「中国」と命名される歴史のメカニズムであった。彼はそれを「基体」と称した。「近代中国像の再検討」において、溝口は自分の「方法論」を、「強いて答えを迫られるなら、わたくしは基体展開論に立つとでもいうほかない[78]」と述べている。

基体展開論とは、いにしえから現在までの中国の歴史に関する全体的な構想であった。簡潔に述べると、多民族、多文化の文明世界に関する哲学・思想・社会原理の仮説であった。歴史の重要なポイントへの深い理解に基づいて基本的な輪郭をスケッチし、非凡な歴史想像力によって正確な資料的裏付けを持つ歴史の脈絡を構築した。西洋による「近代」の衝撃と近代中国のイデオロギーは、危機を感じとる媒介として、この歴史過程に組み込まれたが、それ自体が前提や結論になることはなかった。それに対して溝口が追跡しようと試みたのは、伝統中国の儒教倫理と社会制度がさまざまな歴史時期においてどのように変化したか、および歴史の衝撃と淘汰を受けたあとどのような新しい形態を獲得したかであった。溝口の見るところ、宋代の朱子学から始まった天理観など哲学観念の転換、および明代後期から始まった土地制度の改革や郷村自治運動など社会的変化が、現在まで続く中国史の潜在的な流れであった。その脈絡の中で、辛亥革命と中国革命が起こり、そして現在の世界の「中国の衝撃」も発生したのであった。

基体は誤解を生みやすい概念であり、実体化した固定の存在と理解されがちである。内発的、本質などの語彙が保守主義の代名詞とみなされる学術的雰囲気のもと、溝口は文化保守主義者と誤解されてきたが、基体という言い方もそれに大きく預かっている。比較すると、「方法」という語彙の方がより溝口の本意に近い。操作のレベルの「方法論」に矮小化されがちであるとはいえ、中国の歴史の論理を、内在的メカニズムを持つ有機的な構造と捉える溝口の構想を、明確に伝えている。溝口は、中国の歴史に内在的な機制があるという島田虔次の視野を受け継ぎながら、島田が解決できなかった問題に、思想史研究を通じて答えを与えた。ヨーロッパの近代性理論では整合できない中国の歴史のメカニズムは、島田が考えたように挫折したのではなく、逆に、一貫して有効にはたらき続け、ヨーロッパの歴史とは異なった方向に発展したのであった。ただ、その道程は平坦ではなかった。あらゆる歴史発展の軌跡と同じく、不断に屈折や迂回をすることになった。溝口は後日、この歴史構造の内在的メカニズムに関する一連の概念を提起した。しかし立論しなかった李卓吾と同じく、彼もこうした概念によって安心立命することはなかった。彼から見れば、飢餓感に基づく、つねに変動を続ける歴史に対する敏感さこそが、歴史に分け入る真の道筋であった。

溝口は中国を方法とすることで、中国を実体化する「中国中心主義者」と自分とを区別した。彼は世界を目的にすると強調し、さらに西洋の先進国の視野を「世界」とみなす一元論的思考のあり方を鋭く批判したが、二元対立の陥穽にははまらなかった。溝口が強調した目的としての「世界」とは、西洋を相対化した多元的な世界の構図であり、その多元的な世界において、西洋はその中の一つに過ぎなかった（正確に言えば、西洋自体も多元的である）。それは世界を構成する一部分だが、世界をはかる基準ではなかった。同じように、中国もその中の一つに過ぎず、西洋に代わって「世界」となることはできなかった。このような多元的な構図において、すべての個別的な部分は、自己の歴史の独自性によって世界を豊かにして、

（78） 溝口雄三「近代中国像の再検討」、『方法としての中国』、五六頁。中国語は『作為方法的中国』、五五頁。

しかも諸部分の間で相互に参照しあい、比較しあう関係が作られる。溝口の言う「目的」とは、覇権的な思考を除去し、相互に差異のある関連を保つ世界思想体系を確立することであった。その思想体系に中心は存在しない。それゆえ、これまでのヨーロッパ思想を普遍的な観念とする構造とは異なる。同時に、その思想体系の多元性は、機能的性格の中に現れる。実体としてのヨーロッパ、もしくはアジア、中国を原点とするのではなく、むしろそれぞれの地域で歴史的に形成されてきた精神の特質を、思想課題の媒介とする。すなわち実体的な地域で生まれた思想の成果を、機能的な論述へと転化させるのである。過去の学術生産においては、歴史的に生み出された地域の思想の成果を機能的な論述へと転化させることができたのは、欧米社会のみであった。しかもそうした転化の過程において、たしかに実体的な問題意識（思想の成果は欧米の歴史過程の特定の問題だけに向けられた）を機能的な認識の枠組みにすることはできたが、同時に一元的なやり方で、機能化された媒介を再度実体化させることになった。欧米の近代性理論がまったく問われることなく世界史論述の前提とされていることを考えれば、機能化した理想がいかに実体化され応用されているか、容易に理解できるだろう。

「方法としての中国」は、この意味において、中国を非実体化し、中国研究の機能化を成し遂げた。溝口は、中国なき中国学を批判したのみならず、同時に、中国を目的とする（すなわち研究の目的を中国内部に置く）中国のための中国学も批判した。その両者に対する批判は興味深い問題を示している。中国なき中国学について言えば、それは日本を実体として中国の「知識」を吸収するやり方であり、ナショナリスティックな学術の形態である。平和な時代には中国を軽視する学術的態度を生み出し、戦争の時代には容易に日本を中心とする覇権的イデオロギーへと転化する。他方で中国のための中国学について言えば、それもやはり実体化した思考の方法である。中国を固定した前提として絶対化するため、中国に対してプラスの価値判断をする目的に中国学を服従させる。それが意味するのは、中国学はその目的に沿って行われるしかなくなることである。必然的に、目的に不利な歴史的ロジックを捨て去ることが求められ、同時にある種の時代状況において、「西洋中心」に代わって「中国中心」になる可能性がある。

溝口がこの両方に対して批判を行ったことは、逆に、彼の主張する「自由な中国学」が機能性を持つことを暗示している。中国思想史の基本的な問題が実体の意味において強調されないのだから、中国固有の歴史ロジックについての論述も中国史の不変の「本質」として論証される可能性はない。たとえ溝口が本質といった用語を使おうと、それは機能的な意味において使われたと言える。溝口の視野において、中国史の本質（彼の言葉を借りれば「基体」）とは、相互に制約する内在的メカニズムでしかない。それはつねに異なった形態に変化しえて、しかもさまざまな形態によってのみ、自己を表すことが可能になる。そのような意味においてのみ、中国は「方法」となりうるのである。

溝口はこのような基体展開論を構想したため、書斎にこもる学究ではいられなくなり、自分の思想の道具を磨き上げなくてはならなくなった。なぜならば、彼は認識のあり方をめぐる大きなジレンマに直面したからであり、しかもそのジレンマの背後には、思想の分岐、さらには学術界の政治にまつわる闘争すらもが隠されていたからであった。中国学を実体的な意味から解き放つため、溝口は津田左右吉を媒介として、自由な中国学がいかに可能かについて論じた。

津田左右吉は竹内好の上の世代の学者で、東洋古代史、思想史の大家である。津田は厳密な実証精神を備えた近代的な学術の伝統を切り開いた。しかし中国停滞論を述べ、中国に対して蔑視の態度をとったため、戦後、進歩的中国学者に批判された。溝口は、津田の歴史観と価値判断には明白な時代の制約があるが、「津田シナ学」の強力な原理主義的なところを、時代の制約と簡単に同一視してはいけないと指摘した。溝口は、津田の原理主義的なところから、自由な中国学の認識の枠組みに有益なものを見出そうとした。溝口によれば、津田が成し遂げた旧漢学から支那学への決定的な一歩とは、中国と日本をそれぞれ異なった独立した世界として認識することであった。価値判断において蔑視の問題があったとはいえ、彼は客観的・全体的に歴史研究を行うという目標を提起した。その目標の現れとして、津田は、研究者が自己の研究対象を権威化し、自己をその中に埋没させることに反対し、そのことによって個別の外側に普遍を設定する思考に挑戦しえた。溝口はそれを、これからの中国学が批判的に継承すべき原理であると述べた(79)。

　中国古代の天―天命―帝王―天徳―民心―天意―天に関する「津田シナ学」の原理的な議論は、その後の日本の中国学に大きな影響を与え、中国革命世代を含む戦後中国学に批判的に継承された。

　注意すべきなのは、溝口はここで、明らかに時代的制約を受けていた「津田シナ学」を分析したが、それは彼が「方法としての中国」や「〈中国の近代〉をみる視点」で行った進歩的中国学への批判と、内在的な構造的呼応関係があり、それゆえ私たちは、彼が思考した「方法」、すなわち機能的な中国学の基本的な品性を明確に見極められることである。歴史はつねに変化しているため、ある時代の課題に直接的に呼応した学術生産は、その歴史的段階が終結したあと、必ず役割を終えることになる。「津田シナ学」の中国蔑視の世界観であれ、進歩的中国学の中国革命をかかげた歴史観であれ、その役割という点から見れば、いつか必ず「無効」になる運命から逃れられない。問題は、観点において相互に対立するこうした時代の課題が、学術の基点として成立するか、学術の目標になりえるかである。溝口が、進歩的中国学の革命中国に対する無条件の崇拝に、親近感を持っていたにもかかわらず批判したのは、そして価値観の上では同意できない「津田シナ学」を改めて発掘したのは、彼がそうした価値判断を学術の核心とみなすことができなかったためであった。「津田シナ学」は、まさにその「原理主義的」な意味において、時代の課題と対話する次元でいかに原理を探るかという問題に啓示を与えたのである。溝口の見るところ、進歩的中国学は、革命という時代の課題に応答したことが理由で、自省が必要になったのではなかった。過度に表面的で原理を欠いた応答をしたため、価値を失ったのであった。過度に急いで西洋に対抗するイデオロギーを目標にしたため、客観的に中国の歴史の内在的ロジックを探る余裕を失った。溝口の言葉を転用するならば、それは自由でない中国学というべきであった。「津田シナ学」は、イデオロギーは正しくなかったものの、原理主義的なところが強くあったため、そのイデオロギーが学術の前提となりえなかった。言い換えるならば、中国を蔑視するイデオロギーを除けば、「津田シナ学」は、依然として自由な中国学が継承すべき学術的な滋養を持っていた。

注意すべきことに、溝口の求める自由な中国学は、時代の課題から遊離した散り散りの知識を学術的な滋養としなかった。そうした知識には主体の深みがなく、むしろ容易にイデオロギーに利用された。「自由」は、時代と政治から離れることを決して意味しなかったと言うべきである。そして「方法」は、直接的な現実の役割と異なり、また現実から遊離した学究的な知識とも異なるという意味において、間接的に時代の課題と関係を結び、同時に、時代の課題に回収されないやり方によって、根本に関わる分析の視点

(79) 溝口雄三「津田シナ学とこれからの中国学」、『方法としての中国』、一四九―一五三頁参照。中国語訳は『作為方法的中国』、一四二―一四六頁。

を打ち立てる。時代の課題が時代の変化にともなって意味を失うのと異なり、そうした分析の視点は、ある時代が過ぎ去った後も、依然としてその意味を失わない。溝口が主張した自由な中国学が追い求めたのは、そのような視点であり、仮説であった。

実のところ、溝口のこうした思考は把握し難い。その理由は、学術界で通用している二元対立的な感覚のため、人々が彼を「反西洋」の「中国中心論者」に分類してしまうからだけではない。さらに重要なのは、彼の思考には二つの源泉、すなわち竹内好の「方法としてのアジア」が強調した多元世界の構想のほかに、彼が沈溺した李卓吾があったからである。正確に言うならば、「方法としての中国」という思考の奥底にあるのは、「方法としての李卓吾」がもたらす精神的な滋養であった。

ここで李卓吾の「人倫物理において真空を認識する」を思い出そう。これは李卓吾の形而下の理のカギであった。もし革命史観や反中国史観がともに「人倫物理において人倫物理を認識する」思考だと言えるならば、「方法としての中国」が唱えたのは、「人倫物理において真空を認識する」思想の生産である。かつての李卓吾の主張を仏教思想へと単純に帰結させて終わらせることができなかったのと同じく、溝口の「方法」も、認識の枠組みによって終わらせることはできない。それは方法論的な意味の認識の枠組みとは異なるもので、原理を追究する次元の根本的問題ではあるものの、こうした問題が、抽象的な次元の「理論」として汲み尽くされることはない。言い換えるならば、哲学の方法ではなく、歴史の方法によってのみ、溝口の学術思想の真の品性を見出すことができる。

それは、形而下の理の価値の在り処でもある。学術界が依然として習慣的に、普遍性を、あらゆる個別性を超越してその上に立つ「一元」的な同質性と見ている現在、溝口の唱える「多元」は、認識の枠組みの次元において既成の思考のモデルに対する相対化と再構築を成し遂げないと、見えてこない。ここにおそらく、溝口が西順蔵を手厳しく批判し、また中国思想史の五四世代の反伝統知識人を過度に厳しく批判した原因がある。溝口の分析には、もちろん粗雑なところがある。彼は西順蔵に代表される「ヨーロッパの中国から自己を取り戻す」ことの持っている建設的な思想を充分に肯定しなかったし、また、清末の変法派と毛沢東による封建制度否定イデオロギーが持つ社会動員の性格と、思想史における認識との差異を精密に区別しなかった。ただ、そうであるとはいえ、溝口の論争のポーズに見られる欠陥を指摘してもあまり意味はない。それは彼の立論の中心ではないからである。問題の本質は、おそらく、溝口がこうした重量級の思想人物を自己の論戦の相手にしたとき、彼がほんとうに気をかけていたのが、より差し迫った思想課題であったことにある。それは、西洋の中国イメージもしくは伝統中国に対する批判・対抗・修正だけでは、中国の原理を見出すことができないことであった。そのような思考の先に、中国の原理が自ら姿を表す余地はない。

そこを基点として、溝口は批判という行為を再定義した。中国なき中国学に対する最も強力な批判は、中国を徹底して客観的に対象化することだと、彼は述べた。言い換えるならば、彼は特定の文脈において、「批判」に関する一つの思考を提起した。それは通常の批判と異なり、相手の観点の否定を立論の到達点にせず、相手の限界を示すことを出発点とした。目的は思想の構築を進めることであった。溝口の一生の研究成果が説得力を持って証しているように、ほんとうに意味のある批判とは、破壊でなく、建設である。

溝口は一つの学問の方法を持ち込んだ。その方法を、彼は「素手で歴史に入る」と形容した(80)。二〇〇二年に書いた「歴史叙述の意図と客観性」という文章において、彼はこの問題について、探究するに値する重要な問題を論じている。

「素手で」といっても、歴史家が知識を持たない白紙の状態を指しているのではないことは言うまでもない。それが指したのは、ある特定の思想の状態である。既成の意図や観念の形態を前提とせず、研究の主題や対象を事前に設定せず、歴史の脈絡を尊重しながら、できる限り読解の範囲を広げ、相互に矛盾する史料の中に浸り、遊泳する。溝口はそれを比喩的に、「私にとって歴史の事実は、魚群の生態であり、かつそれは歴史家に釣り上げられるのではなく、歴史家の前に現れるものである。一匹ずつ観察していては分からない魚群としての生態あるいはそれが生息する海底の生態系などが、出現する歴史なのである」と述べた(81)。

溝口は、素手で歴史に入るという感覚を表現したとき、自分ではその歴史感覚がどのように作られたのか意識していなかったかもしれない。しかし、もし彼が若いころ沈溺した李卓吾を思い出すならば、溝口の晩年の歴史観と、李卓吾の「已むを容れざる」の飢餓感の間に、深い関連があることが容易に見て取れる。技巧的な問題として溝口の「素手で歴史に入る」を理解してもまったく意味はない。もし人倫物理においで真空を認識することがなかったら、歴史は一匹ずつ釣り上げられる魚に解体され、魚群の生態(まさに形而下の理に含まれる歴史のメカニズム)も任意に歪曲され、無視されることになる。のみならず、より問題なのは、生きている歴史が、内在する有機的関連を欠いた観念もしくは材料に物化され、再び集められて組み立てられたあと、似て非なるものとなって、「人倫物理」から外れ、まして「真空」に縁がなくなり、したがって、生きている歴史の「動力」とも無縁になることである。

溝口は歴史の動力についてこう書いている。「実は「動力」というのは多くの事実と事実との関係から帰納的に浮かび上がってくるあるフィクショナルな映像であり、どのようなプランの先行も役に立たない」[82]。歴史の動力に関する彼の説明は、また別の角度から、素手で歴史に入ることが、通俗的な意味における「客観的な資料の読解」ではなく、また自然の時間の順序にしたがって直観的に史料を並べることでもないことを説明している。李卓吾の真空が心相の自然において空んじえなかったのと同じく、素手で歴史に入るのは、先行するいかなる枠組みも規定できない「事実と事実の関係」を探るためであった。

溝口がこのような学問の方法に執着したことの直接的な背景にあるのは、現在にいたるまで学術界が学術生産の単極化を克服していないことである。抽象的なレベルでは、第一世界の知識人と第三世界の知識人は共同で、西洋中心論を克服したように見える。ある状況下においては、第三世界の知識エリートがディスコースのヘゲモニーを掌握したようにすら見える。しかし溝口が提起したような、多元化の世界想像と「自由な中国学」の目標はいまだ達成されていない。今日の知的ヘゲモニーは、顕在的な学術論述の次元に生じるのではなく、潜在的な学術習慣と思考の習慣の次元に生じている。溝口の言葉を借りれば、「本人たちが偏見を偏見と見なさないまでに血肉化している。とくにアジア研究の領域においては、西洋視点に頼って歴史を構図するという偏見の所作が、教科書のレベルにまで定着し、偏見の再生産が大手を振って行なわれている」[83]。

(80) 溝口雄三「歴史叙述の意図と客観性」、『中国の衝撃』、東京大学出版会、二〇〇四年、二二六頁。中国語訳は『中国的衝撃』、三聯書店、二〇一一年、二一七頁。
(81) 溝口雄三「歴史叙述の意図と客観性」、『中国の衝撃』、二三七頁。中国語訳は『中国的衝撃』、二一八頁。
(82) 溝口雄三「歴史叙述の意図と客観性」、『中国の衝撃』、二一五頁。中国語訳は『中国的衝撃』、二〇五頁。
(83) 溝口雄三「歴史叙述の意図と客観性」、『中国の衝撃』、二二五頁。中国語訳は『中国的衝撃』、二一六頁。

溝口は、自身の批判の態度を貫徹した。偏見に対する直接的な暴露や批判は、偏見をなくすことに役立たないと彼は知っていた。真の批判は建設である。素手で歴史に入り、色眼鏡をかけずに中国の歴史の動力を求めること、それこそがほんとうの意味での対抗であった。李卓吾とやや異なり、溝口は主たる精力を論戦に費やさなかった。彼は一生をかけて一つのことを追い求めた。すなわち、遊泳する魚群の中から、見えない内在的メカニズムを慎重に透視した。それは実体的な対象へと物化されることはなく、つねに変動する事物の間で、事物と事物が相互に制約し、相互に補い合う関係の中に暗示されるものだった。それを「仮説」と呼ぶのは、それが不可視であるゆえ、多義的であるさまざまな事物を通じて間接的に存在を示すしかなかったからであり、しかも歴史解釈が唯一の「模範答案」となることはありえなかったからである。溝口は、主流の歴史学によってすでに意味を固定されていた史料に沈溺し、史料の中に脈動を求め、さらに脈動を辿りながら歴史の転換期における核心を見出した。溝口の思想史の歴史の時間は、質量を持った、非均質的なものであった。こうした濃度の高い歴史の時間の中で、溝口は「歴史の動力」を練り上げ、「動力の歴史」を構築した。

溝口はかつて、李卓吾は時代の先を行っていると語ったことがある。それは溝口雄三の運命でもあった。彼は私たちの時代より一歩先んじていた。私たちは、彼の姿を見ることはできるが、追いつくことはできなかった。いつかある日、世界史がくつがえされ、知識人が精神の滋養をあらためて探さざるをえなくなったとき、溝口によって持ち込まれた学問の方法が私たちにとって何を意味するのか、ようやく理解できるのかもしれない。

下編　中国の歴史の「ベクトル」

上編では溝口雄三の思想史研究の基本的な認識の枠組みを検討した。下編では、彼が提起した具体的な問題へと議論を進め、さらにそれを基礎として、溝口が形而下の次元に構築した想像力に富む構造的な仮説をスケッチしたい。すなわち、中国の長いスパンの歴史において歴史の発展を左右した「基体」である。溝口にとって、中国の歴史の構造は、まちがいなく、複雑に錯綜する動態的関係のネットワークであった。彼が中国思想の基本言説を通じて考察しようとしたのは、言説の背後で相互にもつれ合う歴史要素の間の相互制約関係であった[1]。また中国の伝統社会の士大夫階級は政治体制と密接な関係を持っていたゆえ、中国の思想史には強烈な現実的政治性があった。文化的雰囲気がまったく異なる日本にいた溝口は、つねに一つの基本的な問題を考え抜いた。どうして中国は近代的主権国家となったとき、最終的に社会主義を選択し、日本は資本主義の道を歩んだのか。その歴史的な理由はいったい何か。

若いときの『中国前近代思想の屈折と展開』から始まり、溝口は思想史の大家に共通する思考の特質を示した。彼は繰り返し、具体的な問題を論じ、精緻な態度で、それを当時のある種の共通認識から峻別した。それは単独で考えると人を驚かせるほどの問題ではないかもしれない。しかも溝口は、基本的には、珍しい史料を発掘することを任務と考えなかった。少数の文献を除いて、彼が使ったのはほとんど普通の史料だった。歴史学界で「二次史料」とみなされる二十四史のような文献さえ引用することをいとわなかった。しかし、それだけを取り出すと特殊でない問題点が、史料に対する精緻で正確な整理によりながら、相互に呼応する構造へと集約されることで、溝口の思考の独創性が示された。それだけを取り出すと具体的な結論に見える問題が、後に解釈構造の「ポイント」となった。逆に言うならば、溝口の構造意識を把握しなければ、彼が考えようとした具体的な問題のほんとうの意味は理解できない。彼は晩年、この構造を完全に作り上げることなく、あまりに早く世を去ってしまったが、それでも私たちは、この「ポイント」の指し示す方向に沿って、彼の構造的な仮説を思考し、深めることができる。

彼の構造的な仮説とは、簡単にまとめるならば、「天下と生民」の動態的な歴史のメカニズムである。中国の歴史発展の脈絡において、伝統的王朝と平民百姓であれ、近代的国民国家と社会であれ、いずれも天下―生民の構造によって潜在的に制約されている。西欧の歴史からスタートして観察される中国式「近代」の挫折は、「天下」と「生民」という、イズムに帰納できない問題系を見逃し、同時に、中国が近代の歴史的転換期に示した特有の転換方式の歴史的なロジックを分解してしまう。それゆえ、私たちが中国の歴史に寄り添って今日の中国社会を解釈する道も閉ざされる。溝口は一つの可能性を提起した。西欧の色眼鏡を外して、中国の歴史を美化あるいは歪曲するイデオロギーの妨害を排除し、本真の問題を論じることはできないか。中国の歴史がいくつもの「偶然」の中で屈折しながら進む道を左右してきたのは、いったいどのような「ベクトル」なのだろうか。

一　「自然」と「作為」の結合

旺盛な創造力を発揮した一九八〇年代から一九九〇年代前半、溝口は中国哲学史のキー概念に関する一連の論文を執筆した。この一連の論文は、彼の生前には一冊にまとめられなかった。原因は、まだやらなければならないことがあり、しかもすでに発表した論文にも不満があり、さらに修正しなければならないと考えたからである。残念なのは、その計画がいまや永遠に完成しえなくなったことである。残された文章から溝口の思索の軌跡を慎重にたどり、再構成するしかない。未完成のまま終わった著作の論文は、彼の死後岩波書店から出版された(2)。岩波書店版を基礎として、関連する内容を補足して、さらに中国語版も出版された(3)。この論文集は、溝口の思想史研究の中で特殊な位置を占めている。中国の長いスパンの歴史

(1)　この点について、溝口は、「歴史叙述の意図と客観性」、『中国の衝撃』、東京大学出版会、二〇〇四年で正面から論じた。歴史とは静態的で主体と関わりのない風景ではなく、内在的な動力と脈絡を持つ有機的な生命体であると強調した。彼は比喩的に、歴史家は岸で魚を釣ることに満足することはできず、歴史という海に飛び込んで生きている魚とともに泳ぎ回り、魚群の「生態」を観察しなければならないと述べた。この比喩は、歴史の構造に対する彼の理解をはっきりと示している。溝口が求めたのは一匹の魚や魚群ではなく、生命力に満ちた魚群の「生態」であった。生態は、ある種のメカニズムであり、不可視である。それは実体の間の関係を通じてしか現れない。同時に生態はまた静止することもない。それは動態的な変化の中でのみ感知されうる。

(2)　溝口雄三著、伊藤貫之編集・注釈『中国思想のエッセンス』Ⅰ「異と同のあいだ」、岩波書店、二〇一一年。

(3)　溝口雄三『中国的思惟世界』、三聯書店、二〇一四年。

に対する溝口の構造意識を示し、彼の思想史の基本的な輪郭を暗示している。

中国伝統思想の「天」「理」「気」「道」「自然」「心」など一連の概念に対しては、中国でも日本でも、哲学研究において、さまざまな議論がなされてきた。溝口の思考はそれらと完全には重ならない。彼も他の学者と同じように、概念の意味の範囲を細心に意識はした。しかし、彼がより関心を寄せたのは、明らかに、こうしたキー概念が形成され伝承した過程において、変動を続ける歴史の脈絡といかに絡み合ったかであった。溝口は概念の間の用語レベルの類似性は決して信用しなかった。彼はつねに観念と観念史、観念と同時代史の二重の関係において概念の意味を考えた。観念と観念史の関係において、彼は概念が伝承する過程において起きた変遷に注目し、観念史の変化の中で一つの概念が生み出す新たな意味、およびそれと他の概念の間の関係性の変化を考察した。観念と同時代史の関係において、彼は生きている概念の時代における位置を鋭敏にたどり、時代の関係の中において概念の意味を論じた。この二重の関係が結合したところに、溝口による哲学概念に対する思想史的な問いが生まれた。どうして中国伝統社会にこのような一連の観念が生まれたのか。これら一連の観念は中国の歴史の触感といかなる関係を持っているのか。

溝口は、まだ「近代」の視角から中国近世の歴史を見ることを拒絶していなかった若かりし頃、一つの現象に注目した。中国の「天」の観念は王朝統治よりも高い権威を持ち、古より王朝の正当性を制約していた。そのため中国の民間の世論は王朝の興亡と天下の興亡を分けて考え、さらに歴代の皇帝も、たとえ「天子」を自称しようと、政権交代、王朝の興亡の運命から逃れられなかった。天の権威は、皇帝に天子という現実的な権威を与えることにあったばかりでなく、社会に広がった天譴観および天譴事応説によって、天子を監督し懲罰を加えるところにもあった。ここで注意すべきなのは、唐宋を境に、中国社会の天譴観が実質的な変化を遂げ、天人相関から天人合一に向かったことである。朱子学は新しい天人合一の理念を生み出し、天人関係の重点を、天から人に向けて移動させた。こうした状況下で、もし中国人が望めば、さらにそれを推し進めて天人分離に向かい、最終的にはヨーロッパ中世の神と人の分裂と同じように、天から独立した自足的な人間の世俗世界を構築することもありえた。しかし、中国の歴史はそのような選択をしなかった。中国社会は、宋代に「天理観」を打ち立て、認識の重点を天から人に移動させたあと、天譴修徳・天理修徳によって、天人合一の政治システムを再構築した。その結果、明代以降、「天」は秩序能力の先天性として、人に内在化されることになった。ここで問題のポイントは、こうした人を重点とした天人合一が、人を天の束縛から解き放つ方向には向かわず、逆に、人に内在化された天が、代替不可能な重要な役割を持ったことにある。それにより王朝統治の自足性が打ち破られ、地上の王国は自己の存在の根拠にならなくなった。それのみならず、同時に、天譴事応説では皇帝のみに求められていた道徳的責任が、統治システム全体に押し広げられ、王朝の政治システム全体に対する道徳的な圧力となった。天人合一は、それを利用して皇帝の権利の正当性を強化することもあれば、逆に皇帝の権力を監督することもあったが、こうした対立的に見える立場は、実は同じ基本的な事実に拠っていた。中国の伝統社会は皇帝権力の絶対的な権威を認めず、天もしくは天理だけが最高の権威であった。天の権威を確立することを通じて統治を維持する場合であれ、逆に執政を監督したり統治を覆したりする場合であれ、どちらも同じ論理に基づいていた。「天に順う者は昌え、天に逆らう者は亡ぶ」、「天に替わって道を行う」など中国の庶民が慣れ親しむ言葉を想起すれば理解できるように、この天人合一の哲学理念は、士大夫だけが自家消費した嗜好品ではなかった。それは深い社会的基礎に支えられた思想の結晶であり、中国の歴史に根ざした現実の政治の知恵であった。

溝口の中国思想史の構造において、天理観と天道観は重要な位置を占めている。彼が考えるに、中国人は世俗的政権のほかに、「天」から「天理」にいたるチェックのメカニズムを持っていた。それが体現しているのは、政治に対する道徳的要求という、中国伝統社会の基本的な政治理念であった。政治と道徳の関係は、西洋政治学のアポリアであった。世俗政権と神権の分離という歴史的現実に基づき、西洋世界は、比較的分離したものとして政治と道徳の錯綜を扱うことができた。この処理によって、もとより政治そのものの「必要悪」を精緻に認識することができ、いかにして政治の中の悪を抑制することで現実の中でできるだけ「善に向かうか」という政治学内部の倫理的な思考を深めることができた。しかし、こうした政治と道徳の分離のために、強権政治の合法的空間が生まれたことも否定できない。他方で中国では、そうした分離は正当性を持たなかった。少なくとも思想において、中国社会の政治に対する道徳的な要求には、極めて重要な意味があった。それがあるゆえ、人々は政治に対して直接的に道徳的要求をすることが可能になり、しかも政治の内部において道徳的な要求を「最小限度の悪」に転化させる必要もなくなった。言い換えるならば、認識のレベルにおいて、中国社会の政治に対する要求は善に向かうものであり、それは「天下をもって公となす」の理想を体現したものであった。

しかし問題はまだ始まったばかりであった。溝口は中国思想史の観念的な枠組みを作るだけでは満足しなかった。彼の思想史の構造は歴史的なものであって、観念的なものではなかった。そこで彼は続けて、「天」を担うのは一体何かと問うた。つまり、天理は何を通じて、いかにして実現するのだろうか。天観そのものの変化について、溝口は学理のレベルにおいて、朱熹の論述を転換のポイントと見た。この点については後で触れる。天理を担うものについては、溝口は明末の時代的変動によってもたらされた思想的飛躍に注目した。「かつて宋学にあっては、天理に生きるとは人の気質の欲にうち克って本然の性すなわち天与の道徳律に帰一することであった、それがこの明末にあっては、気質の欲が人における本然であり、その本然を調和のすじめにそって正しく発揮することとされた[4]」。

若かりし頃、李卓吾を読んだとき、溝口は、明末の思想において、人欲と天理の関係が逆転し、天理が人情と結びついて「天理人情」になり、人欲が承認されたことに注目した。その人欲とは、もとより「穿衣吃飯（着ること食うこと）」など自然の欲望であったが、明末思想史の論述では、その種の自然の欲望が直観的に肯定されることはなかった。李卓吾の過激な論述においてすら、人欲は「人意」と「作為」を取り除いたあとに本然が現れるとされていた。呂坤［一五三六―一六一八］はより直接的に、その本然を「其の人欲自然の私を拂《た》めて、其の天理自然の公に順う」（『呻吟語』巻五）と表現した。しかし、具体的な表現においてどれほど差異があったとしても、天理を人欲から切り離して空談することはできないという一点において、明末にすでに明確な趨勢が生み出されていた。

しかし溝口は、だからといって、こうした人欲の肯定を「個性解放」とは見ることはできなかった。彼は『屈折と展開』ですでに、李卓吾によってこの問題を充分に論じ、明末の人欲の肯定は西洋的な意味における「個人の権利」の肯定とは異なると指摘していた。そして天理観など哲学的概念の分析の中で、その問題をさらに進め、天人合一における「人」の意味を分析した。

（4）溝口雄三「天人合一における中国的独自性」、『佐藤一斎・大塩中斎』（日本思想大系四六）、岩波書店、一九八〇年、七四七頁。中国語版は「天人合一的中国特性」、『中国的思惟世界』、二一九五頁。

「自然」の一文において、溝口は、自然という語が古代に生まれて以来の変化の歴史を整理し、興味深い説を提起した。「宋代以降の自然が人間の道徳性（本然の性）と不可分のものとなり、それこそがまた当時における中国の自然の、日本の自然に対するきわ立った特質といえるものだからである」[5]。中国の自然は人類の外にあるだけでなく、人間世界をも含んでいる。そのような自然を媒介とする人間世界は、人の感情と審美意識を表現するだけにとどまることはない。他方で日本の自然はそこにとどまっている。日本人の意識における自然は、人の外にあるもので、せいぜいのところ人間の感情移入の対象にしかなりえず、人間世界と融合することはありえない。それゆえこの概念が人間の「当為」の基準となりえることが想像できない。ところが中国の自然は、天理・道などの概念と結びつき、社会秩序の重要な媒介になる。その意味において、中国語の「自然」は日本語の自然が持たない思想的な意義を帯びる。天理自然、自然の道などの概念が示しているのは、「その自然が、道徳という社会的与件を含意させることにより、自然の摂理が社会化する、すなわち法則性、条理性が社会秩序という一局に組み替えられ、その結果、自然は当為という名の人為に裏打ちされるというかたちで、否応なく天の自然から人の自然へと転ずることになった」[6]という特徴である。

それでは、こうした自然の道徳的意味はいかなる社会的効果をもたらすのだろうか。溝口は興味深い問題を指摘した。「ここに、自然であるというまさにそのことによって理性や契約の媒介を必要としない、もっとも自然法的な調和＝自然の概念が生みだされることになった」[7]。つまり、中国前近代社会は西洋的な意味における近代性を生み出さなかったが、それは歴史が停滞したためではなく、自己のロジックを持っていたためである。そのロジックは西洋の近代性理論を当てはめることでは解釈できない。またそのカギも西洋の近代性理論では捉えられない。そのカギとは、自然を媒介として追求する「調和=平等」であった。溝口は明末の呂坤の論述を借りてこう述べた。「欲の自然が無条件に承認されえないのは、欲と欲の間に「不均」があり、そこに争いが生ずるからで、そこでそれを調整すべき「分」がなくてはならない、その「分」がすじめだというのである」[(8)]。もちろん、呂坤の言う「分」は平等な権利を主張したものではない。階級的身分あるいは経済的力量を前提として、それぞれが分を守る秩序の観念である。社会の欲望を調和させるという明末の基本的課題は、清末民国初になってようやく、平等を求める社会的潮流へと発展する可能性を手に入れた。しかしその潮流は突然現れたものではない。実のところ、一歩ずつ蓄積してきた帰結であった。たとえば戴震は、呂坤とは異なる天観を述べて、「分」の調和を「平」の調和へと進めた。しかし、中国前近代思想史のさまざまな対立、揚棄は、その原理の特定の方向への発展を妨げるものではなかった。その基本的な方向は、たとえ局部的に道徳と政治の分離、あるいは天と人の対立が起きたとしても、全体としては依然として「公」の政治原理を指向したことであった。個人的な私を基礎として西洋的な意味における契約や法を発展させることはなく、一貫して「仁」と「公」を社会秩序の基本的原理とした。不平等な現実の中で調和を求める政治理想は、「天」を核心とする理念の必然的な帰結であった。とくに注意すべきなのは、この天観念は、理などの観念を媒介として人間世界に内在する秩序の原

(5) 溝口雄三「自然」、『中国思想のエッセンス』I、六八頁。中国語版は『中国的思惟世界』、一三九—一四〇頁。
(6) 溝口雄三「自然」、『中国思想のエッセンス』I、六九頁。中国語版は『中国的思惟世界』、一四〇—一四一頁。
(7) 溝口雄三「自然」、『中国思想のエッセンス』I、八五頁。中国語版は『中国的思惟世界』、一五九頁。
(8) 溝口雄三「天人合一における中国的独自性」、『佐藤一斎・大塩中斎』、七四五頁。中国語版は『中国的思惟世界』、一二九三頁。

則に転換されたあとでも、依然として、人為的な秩序（たとえば法律など）を超越した「究極的権威」であったことである。それが中国社会において道徳的な要求が法律秩序より上位にくる内在的なロジックであった。それゆえ、原因でもあり結果でもあることとして、中国社会はさまざまな時代にさまざまな方法で天の観念を伝承した。しかも理・道・自然などの観念が天と結びつくことによって、天がそうした媒介を通じて人の世界に内在することになり、「万物一体の仁」に対する追求が生み出された。

宋代の中国で、天が自然領域と政治領域の異別化にもかかわらずそれらから自立できなかったのは、できなかったのではなく意図的にしなかったのであり、そこには、ギリシャ哲学風にいえば世界の本質がプシューケー（いのち・魂・心）にあるのかソーマ（物質・肉体）にあるのか、「物」にあるのか「善」にあるのかという世界認識上の選択の問題が横たわっている。(9)

こうしたどこかユートピア的な政治イデオロギーを現実と同一視することはもちろんできないが、西洋の色眼鏡を外した溝口は、中国の歴史の混沌とした現実の中に基本となる事実を見出した。古には天譴論が皇帝の恐れと反省を引き起こし、宋代以降は天理修徳が官僚システムに圧力を加えた。そうしたことのため、中国の為政者は民が「政権を覆す」危険性に恐怖を抱かざるをえなかった。そこから溝口が「天」で引用した以下のような論述が生み出された。「中国における君民の関係は、ヨーロッパにおけるが如く征服者と被征服者、即ち主人と奴隷との関係にあらざることについては耶蘇会士もまたこれを認めたが、この点がとくにフランスにおける一般知識階級の注目を惹いたのである。中国において君主たる第一資格は、君主が国民にたいして優越感を自覚しないことにある。かかる自信をもたざればこそ、君主は国民から国家の統治権を寄託されたのである。それ故、君主は常にこの資格を回想して、驕慢な酷薄な行動、即ち暴君的行動を慎むのである」[10]。

後藤が描き出した一七世紀フランス知識階級の中国に対する理想化された理解は、中国伝統社会の一つの根本を捉えていたのかもしれない。私たちが言葉の表面的な意味にとらわれなければ、民を水、君を舟に喩える比喩はとても重要である。歴代の君王は天に対して畏敬を表明した。「天」が歴史とともに人の世界に内在化されていくと、手の届かない外在的な物ではなくなった。かくして天は内在的な道徳的圧力へと転換された。それを担うのは、他ならぬ、王朝によって統治される「民」であった。ただし、中国社会は後藤が描いたように西洋的な「直接民主」によって政治過程を達成したのではなかった。天理が転換を生み出す重要な媒介となり、民と君、民と官の緊張関係を後景に退かせ、「恐れと反省」が前景における重要な政治的態度となり、間接的に民と君の関係を表した。

こうした王朝政治の欺瞞性を論証する事例はいくらでも挙げられるかもしれない。しかしここで慎重に区別すべきことがある。恐れと反省の思想史的な意義は、それ自体の現実的な有効性にあるのではなく、それが中国の伝統的政治構造の基本的な特質を暗示している点にある。天譴論は、天譴事応説が消滅したあとも、清末まで生き延びた。今日でも、中国の民間の世論は、政治的な出来事を判断するとき、しばしば「天意」といった言い方をする。こうした無形の世論の圧力の中国政治に対する実際的な効果は、往々にして、人為的に作った制度のもたらした結果を超えている。恐れと反省の政治的な意義は、それが王朝

(9) 溝口雄三「天」、『中国思想のエッセンス』I、一四五頁。中国語版は『中国的思惟世界』、三九頁。
(10) 後藤末雄『中国思想のフランス西漸』第二巻、平凡社、一九六九年、一九頁。溝口の引用は「天」、『中国思想のエッセンス』I、一四二頁、中国語版は『中国的思惟世界』、三五—三六頁。

と官僚システムの制度の外で緊急事態に対応する方法であることにある。制度の外の政治的態度に、間接的な形で対応しているのは、民意という、非制度的であり、それゆえ把握し難い潜在的な政治的圧力である。伝統社会において、その圧力は、主体的な「民間社会」の直接的な声とはならず、「天」を媒介とする潜在的な社会の共通認識になった。危機が飽和した状態になると、ときに「蜂起」や「反乱」といった突発的事件の形で爆発し、ときには大量の餓死者が出る自然災害や離散に転化した。歴代の統治者にとって、社会の安定が王朝の存在と持続の前提であり、さまざまな制度、あるいは暴力的な施策すら、その基本的な前提から逃れられなかった。それゆえ李卓吾が『道古録』で鋭く指摘した基本的な政治問題は、ユートピア的理念であるばかりでなく、現実的な意味を持った警告であった(11)。いかなる王朝でも、「天理」を無視したならば、新しい王朝に取って代わられる運命を待つことになった。農民蜂起が「天に替わって道を行う」の旗を掲げることに示されているのは、かなりのところ、中国伝統社会の「天理」と「民」の関係であった。

朱子学によって転換した中国の儒家思想は、経世の面において、道徳修養を政治的原点とする新しい時代を切り開いた。朱子は、思想の原理として、中国思想の「天」の観念を外在的な絶対権威から内在的法則にする過渡を完成させた。天は手の届かない彼岸世界ではなくなり、此岸の事物に内在し、分有される法則となった。天観を核心として、朱子学は一連の概念を展開し、内在的な関連性を持つ概念群を生み出した。中国哲学におけるいかなる概念も、この概念群の関係の中に置かれて発展・揚棄・変形してこそ、歴史的な意味を持つと言える。思想家たちによって伝承され、修正されてきた思考の系譜の中で、「天」を中心とする概念群は、有機的なバランスチェックの関係を生み出し、中国の歴史における前近代から近代への思想の歩みを制約した。

溝口は数編の論文において丸山眞男〔一九一四―一九九六〕『日本政治思想史研究』(一九五二年)に異議を唱えた。丸山の著作は、朱子学と徂徠学の部分で、「自然」と「作為」(すなわち人が主体的に現実を変えること)をキーワードとして、両者の差異を論じ、さらに問題を進めて、自然の前近代的な特徴と作為の近代的特徴という理論的な問題を論じた。丸山は、朱子学が人間世界の秩序と天の自然の理を結合させたことを鋭く捉えた。しかしその特徴を、超越性に服従する絶対的権威の方向へ進めた。その延長線上で、中国の朱子学は、全体として、自然と道徳の連続性を強調することを通じて、人の秩序の天(すなわち自然)の秩序への従属を述べているものと理解された。こうしたロジックに基づいて生み出された表象は、典型的な「前近代」の停滞した歴史の表象とみなされた。溝口はそれに異議を唱えた。溝口によればこうなる。朱子学は天を主宰の天、自然の天、理法の天の三つに分けた。超越的な絶対的権威と言えるのは、主宰の天だけである。その主宰の天の歴史的な役割は、まさに天譴論にある。北宋時代にすでに確立した「天即理」の命題は、実質的に天が備える外在的な主宰性の部分、すなわち人間世界に対立して上位にある権威・超越性・絶対性を排除していた。

溝口のこの異議は重要である。その重要性は、彼が社会史的視野によって朱子学の能動性を示し、停滞的なイデオロギーへと単純化された朱子学に、新鮮なエネルギーを与えたことだけにあるのではない。それ以上に、丸山という傑出した政治思想家が、日本の近代思想を改造するために作った思考のロジックが、

(11) 李卓吾が『道古録』で構想した「そもそも天下の民がその生を遂げその願うところを得る」という理想の社会状態は、完全に王朝の政治統治の角度からの論述であり、民の角度から民生の求めを強調したとのみ言うことはできない。

中国思想史の解釈には適さないことを示したことにある。丸山の設定した「自然」対「作為」の枠組みでは、中国思想の自然と作為に関する特定の意味内容を包摂することはできない。中国儒学の核心は、自然と作為の対立にはなく、両者の高度な結合にこそある。その結合は、北宋の程顥・程頤のころ端緒が見えはじめ、朱子は巧妙に「自然」を「作為」にいつの間にか融け込ませた。自然を「作為」に内在化させた思考の理路は、歴代思想家の激しい論争を経て、最終的に調和を目標とする「万物一体の仁」という社会的共通認識となった。とはいえ、この万物一体は、静態的で受動的な絶対的権威への服従ではない。「人人」が自分の欲望を満足させられることが強調される動態的な調和の状態である。それがまず意味したのは、「専私」に対する否定であった。中国語で「人為」の語が往々にして悪い意味を持つように、中国思想史において、自然と結びつかない「作為」は、価値において上位を占めることはなかった。この微妙な感覚は、中国社会の公平と正義に関する理念と直接的に結びついている。自然は調和的な平等の希求として、主体の願望から出た「作為」に対して、他の「人人」すなわち社会の希求を考慮しなければならないと求める。したがって個人の欲望に従うことは、自然とイコールではない（この点について溝口は李卓吾に関する議論で見事な分析をしている）。自然と作為が対立させられると、中国思想史の精華も瓦解される。かくして溝口は別の思考によって異なった歴史の語り方をすることになった。彼の考えるところでは、丸山の言う「自然」と「作為」は中国思想史のキーワードになりえない。丸山の図式では説明できない思想の軌跡を説明するため、溝口は別のキーワードを作らなければならなかった。そこで彼は、天・理・天理・理気・道・心・誠・公と私・自然（溝口の「自然」は丸山の「自然」と違う意味を持っていた）といった新しい概念の体系を作り上げた。これらのキーワードは、相互に結びつき、天と理の境界線を有効に定めた。かくして生気に満ちた思想世界が、溝口によって展開された。しかし、その展開には一つの前提があった。あらゆる概念が、概念の次元において論理のみに基づいて演繹されてはならず、必ず李卓吾式の「人倫物理において真空を認識する」プロセスが必要とされた。言い換えれば、こうしたキー概念は、具体的な歴史過程の中で具体的な意味を与えられる必要があり、時空を超えて抽象的に論じてはならなかった。これはあるいは、溝口による、中国哲学史研究に対する意図せざる挑戦であったのかもしれない。それが意味したのは、概念そのものの基本的意味だけに拠ってその働きを確定させることはできず、概念がそれぞれの時代に担った歴史的作用を見なければならないことであった。その結果、彼は概念の伝承において、もともと関連のなかった概念の中に伝承関係を発掘することが可能になり、また歴史的に見て同一の概念が異なった歴史時期に異なった働きをしたことを、ある種の対立的状態と見ることも可能になった。溝口の丸山に対する異議申し立ては、かなりの程度、一つの思想の方法による別の思想の方法に対する疑問提起と言える。それが私たちに示したのは、思想史研究の多元性であり、どのような思想の方法であれ、「真理はいかなる場所でも適用可能」とならないことであった。その結果、形而下の理を打ち立てることの切迫性が、再び証明されたのであった。

二　人生に内在する形而下の理

溝口の哲学概念に関する論考の中で、最も独特なのは、「心」かもしれない。この論文は、彼の陽明学研究と直接的な関わりがあった。しかも冒頭から「誠」を議論したところに見て取れるように、議論の立て方として、中国と日本の陽明学の差異についての分析に重点を置いたことが明らかである。彼の一連の「二つの陽明学」に関する議論の中で（『李卓吾・二つの陽明学』を参照）[12]、この「心」の一篇は思考の道筋を示している。それゆえ、この論文は彼の陽明学研究と結びつけて理解することができるかもしれない。

溝口の考えるところでは、中国思想史における「心」の位置は、ヨーロッパ哲学史の唯心論における「精神」もしくは「魂」の位置と決してイコールではない。すなわち、それを物質に独立する精神としてのみ見ることはできない。中国哲学が扱った中心的な課題は、主観と客観の関係ではなく、自我の内部においていかにして理法を発現させるかであった。

溝口は言う。中国哲学史において、「心」は六朝時代と唐代に仏教のため宇宙論的な発展を遂げたが、しかし宋代以降は、朱子学が儒教・仏教・道教を統合して体系化する中で、心の体系性は仏教の領域にとどまり、汎宇宙性は理学に対応する別の体系にならず、逆に、後の思想史の中で、天理と理気のシステムに吸収・改造されて、傍流となった。このような「心」について、溝口は三つの特質を規定した。一に環宇宙性、二に虚霊、活発的であること、三に本体論を持つことである。第一の特質について。心の環宇宙性は、それが客観的物質世界の制約を受けず、無礙に宇宙を飛べることにだけあるのではなく、宇宙の万物と交流する働きを持ち、天地の生意の発用態であることにある。心の環宇宙性を通じてこそ、人と万物との間に「一体の仁」を作り出す基盤が生まれえる。これはおそらく、溝口の陽明学研究で強調された陽明心学と農村変革の関係性についての理論的基礎でもあろう。第二の特質について。心の虚霊と活発とは、心における体と用の関係である。溝口はさらにそれを心と気の関係に転化させ、宋代以降の思想史の関連する論述を読解して、虚霊と活発という心の特質は、個人の天賦ではなく、「天地の気」との流通によってこそもたらされるものであり、気の中の理という特徴を備えていると指摘した。第三の特質、すなわち心の本体論的性質について。ここで述べているのは、なんらかの形であるとされた宇宙的理法に合一した心のことである。本体といっても、固定した不変の実体ではなく、それぞれの事物に内在し、分有された理法でしかない。日本の心の概念は、ここに述べた第三の特質において、中国の心と異なっていた。日本の心は、理法という事物の「すじめ」にかかわらず、本体論的特質が希薄であった。そのため、環宇宙性と虚霊、活発性も、中国とは異なる方向に展開された。この点を集約的に体現したのは、日本の陽明学理解であった。

日本人にとって、陽明学は朱子学よりも身近に感じられた。もちろんその第一の原因は、「心即理」の命題が日本の知識人により切実な想像の空間をもたらしたからである。溝口の見るところ、日本の陽明学についての理解は、主として朱子学と対立させ、「内心と精神が自立し」、「既成の規範秩序を打破する躍

(12) 中国において編集された論集。溝口雄三『李卓吾・両種陽明学』、三聯書店、二〇一四年。

動的な良知」の学問であると強調するところにあった。こうした認識のため、陽明学は内心の主体性を確立する学問と定義された。もし日本の「自然」が人に外在することを想起すれば、こうした「内心の主体性」は、心の働きを無限に活用することこそ可能なものの、まさに溝口が指摘したように、最終的に真の意味での社会運動を生み出すことはなく、個人と天との精神における合一にとどまることは、容易に理解できるであろう。『李卓吾——正道を歩む異端』において、溝口は日本の陽明学について分析を行った。日本の理解では、「心即天」の心は意念や私欲のない澄清の心と理解され、「天」は真実無妄の誠にほかならないとされた。このような「心」理解に基づき、「心即理」は、心の至上である「誠」を「理」とすることになった。言い換えれば、「邪念・作為・私欲をいっさいふりはらってかぎりなく澄清になった心の状態を、「理」すなわち至高のありかた[13]」とした。さらに溝口は、「二つの陽明学」において、大塩中斎の分析を通じて、「思うに彼が無善無悪説にひかれたのは、その「無」を全き純粋無妄すなわち虚霊と読みこんだからであり、この虚霊こそが彼における心即ち天であったからだろう[14]」と指摘した。こうした日本的な読解を通じて、陽明学は日本において、一般的な内心精神の内発性、能動性、主動性などといったものへと抽象化され、そういった一般的な特質が陽明学の本質とみなされた。日本の理解によれば、陽明学の働きは、個体が独自に天との合一関係を築けることにあり、その合一が「誠」の状態となる。こうした誠の状態の特質は、個体の精神が天との合一に向かうことにあり、それは精神の純粋を前提としていて、人と人の間の横の融合やつながりは含意されていない。したがって現実の社会運動を生み出すことも不可能である。溝口は、こうした理解は中国の陽明学をゆがめたものだと考えた。このような抽象化された陽明学は魂を失うことになった。中国と日本の二つの陽明学の根本的な差異を強調するため溝口は、日本には陽明学はない、それは別の言い方をすべきだとすら言っている。なぜなら「もともと陽明学に二つはないはずなのだから(15)」。

溝口の考えるところでは、陽明学の真意は明代中期の時代の課題に呼応したことにあった。里甲制度が動揺するに従って、中国史に画期的な転機が現れた。郷紳地主階級が興隆し、もともとの君・官による民の統治形態が挑戦を受けた。専制皇帝権力は農村の郷紳階層を通じなければ基層社会に入れなかったが、皇帝権力と地主階級の権力関係の矛盾をはじめとする各種力学関係の諸矛盾がこの時期に表面化した。「心即理」の命題は、主体の心によって、歴史的現実に対応した現実の理を求める責任を担うことであり、そのような意味において主動的、能動的であった。こうした主動性、能動性は、現実的な意味を持った「理」を探索し、確立するためのものであり、一般的な茫漠とした議論ではなかった。言い換えれば、陽明学に対して「理」のない理解をしてはならなかった。日本の陽明学が「誠」を強調したのと違って、中国の陽明学が重視したのは形而下の「理」であり、その理が現実的に指向したのは、いわゆる「儒教の大衆化」であった。その意味において、陽明学は客観的に言って、社会運動のイデオロギーとなったのであり、自我修養の精神的な養分となっただけではなかった。

陽明学がどうして朱子学に対抗したかについても、溝口は社会史的な解釈をした。朱子は宇宙の万物が

(13) 溝口雄三『李卓吾――正道を歩む異端』、集英社、一九八五年、二三七頁。中国語版は『李卓吾・両種陽明学』、一八〇頁。
(14) 溝口雄三「二つの陽明学」、『理想』一九八一年一月号、七八頁。中国語版は『李卓吾・両種陽明学』、二一七―二一八頁。
(15) 溝口雄三「二つの陽明学」、八〇頁。中国語版は『李卓吾・両種陽明学』、二二〇頁。

すべて法則的な存在であると強調した。こうした朱子学の核心的な思想は、明代中期には言を俟たない前提となっていた。それゆえ、法則性を証明するために多くの手段（居敬、窮理など）を用いた朱子学の方法論は、陽明学から見れば時間の浪費に過ぎなくなった。他方で、朱子学の格物窮理が対象にしたのは、上層社会の君臣であった。君臣の条理にかなった修養を通じて政治に影響を与え、上から下に向けて民衆教化を行おうと試みたものであった。ところが王陽明の時代になると、こうした上から下に向けたオプティミズムは、すでに現実から乖離した弊害が明らかになっていて、体制化のせいで思想の桎梏となっていた。王陽明が対抗したのは、朱子の定理の意味というより、理を貫く上から下に向けたやり方であった。王陽明が起草した「南贛郷約」と朱子の「勧諭榜」、明の朱元璋〔一三二八―一三九八〕の「六諭」の内容が重なり合っている事実から見て取れるように、彼が追究した秩序観念と教化の内容自体は、朱子や朱元璋と変わらなかった。しかし王陽明の「心即理」は、大衆の角度から、下から上に向けてそのプロセスを進めた。「満街みな聖人」は、新しい道徳的イデオロギーを担う主体を、上層の統治者から市井および農村の中堅階層、すなわち郷紳階層へと移行させた。こうした主体の移動があったからこそ、陽明学は内実において朱子学の「定」に対して多様性、流動性を示すことになった。「心即理」（致良知、事上磨練、知行合一など）や「万物一体の仁」は、朱子学が下層社会に対して閉ざしていた門を開き、同時に陽明学の「心」に、朱子学の「格物」より困難な現実的課題を解決する責任を負わせた。しかし溝口の見るところ、陽明学は新しい秩序観念を生み出したわけではなかった。イデオロギーの次元において、陽明学は、新しい時代の思潮に向き合ったとき、朱子学が提起した基本的な課題を推し進め、転化させた。すなわち、いかにして天理をこの世の政治の核心に変換するかである。陽明学は、朱子学が朱子の死後に蓄積してきた硬直化し教条化した体制の鎖を解き放ったが、実のところは、ラディカルな批判の態度によって、朱子学の精髄を伝承したのである。

溝口の陽明学に関する研究は多くはないが、重要な内容を含んでいる。朱子学が教条的で硬直化した封建イデオロギーとみなされ、陽明学が外在的権威に反抗する能動性と主体性の学説とみなされたとき、このような対立的な見方は、静態的な視角に依拠したため、思想史の軌跡を微妙に外れることになった。注意すべきことに、溝口が日本の陽明学を導入したことによって、私たちは参照軸を手に入れ、中国の陽明学が日本の陽明学と同質ではなく、むしろ中国の朱子学と不可視の同一性を持っていることを見出せた。日本の陽明学は、それが強調したのが個人の天に向けた同一であり、「満街みな聖人」のような横向きのつながりを持っていなかったため、社会運動の形態を持つ思想になりえなかった。他方で中国の陽明学が備えた横向きのつながりの社会的特徴は、明代中期の歴史的要請と直接的に関わるものであり、また中国思想史の基本的モティーフとも切り離せないものであった。

溝口は「二つの陽明学」にこう書いた。

天は理であることにおいて人人普遍にア・プリオリに内在的にあり、人と人とはア・プリオリな天・理の普遍的共有者として横に一つにつながりあっており、天人合一はだから同時に人人環一である。天は人人を横に一つながりにする通路であり、貫穿というのなら、天は人と人とを横に貫穿しており、その貫穿のすじみちがつまり理のすじめでもある。(16)

(16) 溝口雄三「二つの陽明学」、七七頁。中国語版は『李卓吾・両種陽明学』、二一六頁。

「天即理」から「心即理」へと、中国儒学は歴史の流れの中で秩序を保って転換を遂げた。人間世界に外在した究極的な道徳の基準が、人に内在する現実的な秩序の規範へと転換され、統治階級が独占したイデオロギーの特権が、下層のエリートが主体的に担う政治理念へと転換された。こうした転換のプロセスにおいて、天と人の分離は発生しなかったし、発生の可能性もなかった。新しい天と人の合一が提起したのは、中国的な政治統治の課題であった。過酷な競争と多くの矛盾に満ちたこの広大な土地において、いかなる統治モデルが有効なのだろうか。歴代の思想家が思考してきた命題は、哲学的に見えて、実はこうした極めて現実的な課題意識を前提としていた。思想家たちの間の観念の次元での激しい対抗関係も、同様に天人合一、万物一体の政治的フレームワークの内側で行われたため、歴史がこうした思想的論争のために断絶することはなかった。むしろ、対立し衝突する思想の方法によって、それ自体の基本的なロジックを伝承したと言うべきだろう。いわゆる近代的な意味における個人の価値といった観念が基本的な評価基準になり難かったことは、言うまでもない。

天即理から心即理への転換の延長線上に、重要なポイントがあった。明末の李卓吾の思想である。溝口は李卓吾に中国の「道」を見出した。「道」は中国思想史の重要な概念として、宋学が「道」に代えて「理」を主張したあとも、依然として独特の役割を発揮した。溝口は『朱子語類』の分析を通じてこう述べた。「かりにこの三つ〈理・道・天のこと〉を同一平面上の同心円にえがいたとすると、それは理を中心部の円とし、その外円に道、天と順に大きくなっていく」。しかし「かりにこれを円筒形の立体として示せば、さきの同心円は、天を最下段、道を第二段の土台にし中央に理がそそり立つ型の灯台風の三段の円筒の俯瞰図にすぎなかった、ということになる[17]」。

この意味において、「道」は天・理と密接な関わりを持ち、当為・正義・法則といった含意を持った。それは天と符合する一面を持ち、存在の根拠としての道徳的意味を持っていた。それゆえ古来より「天に替わって道を行う」のような言い方があった。また理とも符合する一面があり、事物のすじめを表す「道理」の基礎であった。しかし、道には、天と理が持たない意味もあった。それは、ある種の人間的な側面、たとえば心情とか意欲といった人の感情の営みの語感を含むことであった。溝口の推測によれば、それはおそらく宋代以降に現れた意味である。その意味において、「道を求めること」は信仰に近い態度になった。

「道を求める」心は李卓吾を励まし、彼はそれを終生追い求めた。この追求の精神は、李卓吾と吉田松陰を結びつける契機でもあった。

李卓吾と松陰は、終生「絶仮純真（仮偽なくして純粋に真なる）」を求める点で驚くほど似ていた。下獄の経験や率直な性格も共通であった。しかし、真についての理解は、異なっていた。それは「童心」に関する論述に現れている。「松陰にとって童心の「真」とは後天の汚染のない先天の清純な心であり、もっといえば正義の心であり、だからそれは、あくまで悪をにくみ善を善する心でなければならず[18]」。それに対して、李卓吾の童心は、やはり仮に対する真ではあるものの、人が生まれながら持っている欲望を前提としていた。李卓吾から見れば、善を善し悪をにくむ心も、いわゆる「道統」観念の表現として、後天的な「仮」とみなされることを免れなかった。彼が主張した赤裸々な欲望は、「清純」と呼べるものでは決して

（17）溝口雄三「道」、『中国思想のエッセンス』I、九〇―九一頁。中国語版は『中国的思惟世界』、六七―六八頁。
（18）溝口雄三『李卓吾――正道を歩む異端』、三四頁。中国語版は『李卓吾・両種陽明学』、二七頁。

なかった。それは現有の道統観念を拒絶する意識のあり方であり、拒絶を前提とした「人欲」の称揚であった（李卓吾が無節制の放縦な欲望を主張したわけではないことについては、溝口『屈折と展開』が精緻な分析をしている。上編において論じたので、ここでは繰り返さない）。もし李卓吾と吉田松陰に一致するところがあるとするならば、まさに溝口が指摘したように、「松陰と李卓吾は、彼らがそれぞれそのなかを生きつつあった当時の社会の、既存の秩序関係を否認する、その否認の一途さにおいて共通しあっている」[19]ことであった。

欲望についてこうした思想的立場をとったがゆえ、李卓吾は明末に最もラディカルなやり方で陽明学の「心即理」と「無善無悪」の思想課題を推し進め、「形而下の理」へと転化し、しかも「真空」という理論的契機によって、それを穿衣吃飯（着ること食うこと）、人の物欲、所有欲と真の意味で関係づけた。政治観念において、李卓吾は地主階層の権力を代弁する東林派の人士とは立場が異なり、上からの王朝統治秩序を守り、強化しようとした。とはいえ、歴史の脈動という大きな方向において、李卓吾の既成の社会秩序に対する否定と、道を不断に求める姿は、思想的先覚者と呼ぶにふさわしいものだった。溝口の分析によれば、朱子学は道徳的本性を人の本質と見たため、原理的には人と人の平等を実現したが、論述としては道徳的本性の実現（すなわち聖人になること）を統治集団の内部に限定した。陽明学は、道徳的本性を人の本質とみる前提を受け継ぎつつ、その実現可能性の範囲を拡大し、より広い階層をその中に入れた。そして李卓吾は欲望を人の本質のレベルにまで引き上げた。彼は、生存の欲望こそが人の本質だと考えた。生存の欲望を肯定することは、すなわち「人人」の個別的多様性の肯定であった。欲望は人によって異なるゆえ、李卓吾は「千変万化する生き生きとした理」を追究し、確立しなければならないと考えた。道徳的規範は、それゆえ、弾力的に運用できる、現実性を持った原理とならざるをえなかった。李卓吾の「童心説」と「絶仮純真（仮偽なくして純粋に真なる）」は、したがって陽明学のモティーフと不可分の関係にあり、また「中国の原理」を理解する重要な手がかりでもあった。溝口が多くの紙幅をさいて「二つの陽明学」の違いを論証し、社会史的な視野において「人欲」を再考する思想的契機を見出したことは、極めて興味深い。注意すべきことは、李卓吾のラディカルな童心説と無善無悪論の中から、西洋的な意味における個人主義の観念は生み出されず、「万物一体の仁」が体現する中国的な共和思想も、個人の神聖な権利に充分な成長の余地を残さなかったにもかかわらず、それは欲望の個別的多様性の抹消を意味しなかったことである。この微妙な感覚には、中国の歴史的ロジックと今日の社会的現実を理解するための、認識に関わる極めて重要な価値がある。

中国思想の原理は、個ではなく、全体を支えとしていた。それが意味するのは、個体は全体の関係の中でのみ意味を持つということである。以下で論じるように、李卓吾から戴震まで、中国思想の理路は「万物一体」という全体に関わる価値を堅持したが、時代の展開にしたがって、全体の調和の中における個体のそれぞれの欲望の正当性もつねに強化された。問題のポイントは、このような全体と個体の関係が、思想史において、いかなるメカニズムによって構造化されたかである。

溝口は生前、中国思想史のこの構造に関する仮説を正面から論じることはできなかった。彼が残した著述を総合的に読むことを通じて、私は大胆な推測を試みてみたい。溝口が、自然の観念のため中国思想史

（19）　溝口雄三『李卓吾——正道を歩む異端』、五六頁。中国語版は『李卓吾・両種陽明学』、四四頁。

は理性と契約という媒介を必要としなかったと強調したとき、実のところ、中国思想の脈絡においてそれに対応する媒介の働きをしたカテゴリーを探していたのではないだろうか。中国思想は理性を欠いていたわけではない。中国社会が契約という行為を欠いていたわけでもない。しかし「自然」という天理を人に内在させた原理的概念のため、理性と契約は原理にならず、事実となって、社会生活の中に存在した。しかし、自然というカテゴリーは、どのようにして発現しうるのだろうか。この問題について、溝口が充分に整理しきれなかった観念史研究から、一端を見出すことができるかもしれない。少なくとも、心と道というカギとなるカテゴリーは、天理自然と直接的に符合する観念として、また人の形而下の生存状態と密接に関わる本体論として、万物一体の仁の天理自然を発現させうる媒介であった。

溝口は「心」が持つ生き生きとした虚霊の特徴に注目し、「道」が意味する人間性と意欲に注目したが、個人の修養の精神的キャリアを考えようとしたのではなかった。彼の基本的な問題意識を貫いていたのは、中国の歴史の中で分有された基本法則への関心であった。すなわち、個体の権利の内実は、中国の思想と社会生活において、つねに全体の中の関連性に基づいて決定された。こうした現実の中の個体の関係性は、もちろん士大夫が望んだような孝悌秩序を基礎とする互助、あるいは相互譲歩の関係ではなかった。むしろ中国法制史の専門家である寺田浩明がイメージ豊かに喩えたように、「満員電車」の中で「押しくら饅頭」をしている動態的な均衡状態であった[20]。

明末清初に「多数の私」が前面に登場し、皇帝および大私と対峙するようになると、個体の権利（この「個体」のカテゴリーにはすべての人が含まれたわけではないが）が不可避的に思想史の課題となった。ヨーロッパ近代が理性、個人の権利、契約といった個人と社会の媒介を生み出したのと同じように、明末清初の中国は、心・道といった個体の生存に関わる媒介によって、天理を「人人」に内在させる形而下の理という転換を完成させた。個体は、中国思想史において、天理自然を担う主体であり、独立した社会権利の単位にならなかった。その原因の一つは、おそらく、寺田が描き出したような、個体の権利の意味が「押しくら饅頭」の中にあった不確定性のためだろう。

溝口は、近代の転換期における個体の生存のあり方の微妙な特徴を捉えた。彼は周兄弟〔魯迅と周作人の兄弟〕を事例として、中国の「個人」が新しい時代にあって直接的に政治・経済の主体とならず、第一義的には倫理の主体、「人の本然」として歴史の舞台に登場したことに着目した。その意味において、清末以来の新文化の個体の自由に関する議論は、契約ではなく、「道」と深い関係を結んだ。

周作人は『中国新文学の源流』で載道と言志に関する有名な説を述べた。それはかつて「道」と「志」の対立と固定化された。しかし溝口の指摘によれば、周作人の道と志の対立は、二つの理念の間の対立に過ぎなかった。つまり、「志」を真の道にして、硬直化した偽の道に対抗しただけであった。「聖、道、理、儒などの元来は同類の語を肯定的にも否定的にも混用していることに気づく。そして何よりもかれらの反逆の拠りどころは、周作人によれば「情理」であり、それはじつは周作人自身のことでもあった（つまり彼は情理によって道や理を批判しているのだ）」[21]。言うまでもなく、ここでいう情理とは、まさに李卓吾の「性

（20）寺田浩明「満員電車のモデル――明清期の社会理解と秩序形成」、今井弘道・森際康友・井上達夫編『変容するアジアの法と哲学』、有斐閣、一九九九年、一三三―一四七頁。中国語版は『権力与冤抑　寺田浩明中国法史論集』、清華大学出版社、二〇一二年、四〇九―四二三頁。

（21）溝口雄三「道」、『中国思想のエッセンス』I、九六頁。中国語版は『中国的思惟世界』、七三頁。

の「真」なるものに率《したが》い」の延長線上にある「道」であった。

魯迅は若い頃、清末の「個人」概念の「己私」あるいは「損人利己」の語感に不満を持ち、こうした概念をプラスの意味に変換しようと試みた。彼の「文化偏至論」は個性を称揚し、さらには「超人」を呼びかけてすらいる。しかし魯迅の個性尊厳の論述を「道」に対立するものとみなしてよいだろうか。

溝口の見るところ、魯迅の「文化偏至論」の重点は、「性」を強調したところにある。すなわち、魯迅のいう「個性」の重点は、「個」にはなく、「性」にあるといういささか無理のある読解をした。溝口は、魯迅が個人を強調したとき、個人を全体から分離させず、それを全体に対立する概念としなかったと考えた。この判断は、「文化偏至論」について言えば、正確ではない。「文化偏至論」がラディカルな「偏至」の態度で強調したのは、「物質を否定して、個人を尊重する」ことであり、はてはそのために「多数を排斥する」ことも惜しまなかった。こうした過激な態度は、魯迅の論戦の一生を貫いていたと言える。しかし全体の方向性としては、溝口は魯迅が個人主義を強調したやり方について、正確な把握をした。すなわち、魯迅は一生を通じて「多数」の蒙昧を遺憾に思い、攻撃を加えたが、しかし魯迅は攻撃対象と対立する立場に立つことはなく、暗黒の扉を肩で支えつつ、多数の中において、多数の一人として、蒙昧と闘った。

溝口は、魯迅の個人主義の呼びかけが、「主観的内面精神」と「性霊之光」の強調によってなされており、その強調は、かつて李卓吾が「性の「真」なるものに率《したが》い」を強調したことと、同工異曲であることに注目した。「人は自性を発揮してこそ、観念世界の束縛から脱する。惟だこの自性こそが即ち造物主なのだ。惟だこの我だけが、もともと自由に属する。もともとあるものを、さらに外に求めるのは、矛盾である」[22]。

溝口はこの一句から魯迅と伝統の深いつながりを読み取った。溝口が以下のように考えたことは明らかである。魯迅の主観的内面精神と性霊之光の追求は、実のところ、外に求める必要のない自由の「自性」の追求にほかならず、それはかつて李卓吾が童心説など一連の主要な論述で提起した「絶仮純真（仮偽なくして純粋に真なる）」を求める人の本然であった。その人の本然は、個人の主観的内面の修養ではなく、「道」であり、天理自然を人に内在させる重要な媒介であった。そう考えた溝口は、多くの紙幅をさいて、「文化偏至論」の日本語訳の「我性」「自性」「個人特殊之性」など「自我」に関わる九つのキーワードの訳語について、疑問を提起し、一つひとつに訳語をつけた。彼が提起した訳語を比べてみると、極めて興味深い。それまでの二種類の日本語訳は、基本的に魯迅の概念を世間で通用している西洋式の概念に翻訳したのに対して、溝口はそれを「中国化」したことが、はっきり見て取れる。

たとえば、「自性」を「個性」あるいは「自己の個性」と翻訳したこれまでの日本語訳に対して、溝口はそれを「自己の本来性、本質」と訳した。「個人特殊之性」を「個人独特の性質」と翻訳した日本語訳に対して、溝口は「個人に独自に発揮される人の本性」と訳した。「往来于自心之天地」を「自己の心の天地を往来し」と翻訳した日本語訳に対して、溝口は「自己の心を天地にかけめぐらす」と訳した。溝口とこれまでの日本の翻訳との最大の違いは、極めて明白である。これまでの日本語訳は、ひとしく自我、自性と主観を客観世界に対応する存在、ないしは対立する存在と見ており、それゆえ「個性」は相対的に

（22）魯迅「文化偏至論」、『魯迅全集』第一巻、人民文学出版社、二〇〇五年、五二頁。日本語訳として『魯迅全集』第一巻、学習研究社、一九八四年、七七頁がある。しかしここでは後述する溝口の解釈にしたがって訳出した。

独立、自足していた。それに対して溝口は、こうした個人に関わる概念はひとしく天理自然の道を担うものであり、「人の本性」すなわち天理自然は、個々の独特な個人によって発揮され、個体の人生に内在するもので、それゆえいわゆる主体性とは、「道」に合致した「自己の本来性」であり、何ものにもさえぎられることなく天地をかけめぐる、すなわち天理自然をかけめぐる精神世界になると考えた。そこから溝口は、「自己の心の天地を往来し」は誤訳であると指摘した。

最も注目すべきは、九番目の用語に対する溝口の翻訳である。魯迅の原文は「出客観夢幻之世界」であった[23]。その前後では、主観的内面精神の重要性が強調され、主観と自覚の生活を打ち立てることが強調されている。ここでの「客観」は、明らかにマイナスのニュアンスを持っていた。また「客観」と「夢幻」という矛盾する概念を一つの語句に結合させたことが、一般的な用法でないことも明らかである。溝口は、この語句は直訳するならば、注記が必要であると考えた。彼の注記は、客観の「客」は主観の「主」に対するもので、「仮有、非本質、外来、一時的、その場しのぎのニュアンスをもち、だから「夢幻」のほか、「卑俗な客観的習慣」などの、日本語の「客観」の語感からは考えにくい語句と結合できる[24]」というものであった。

溝口は魯迅の思想そのものを正面から論じたわけではない。しかし彼が選んだ議論のポイントは興味深い。魯迅は中国近代思想の代表的人物であり、大量に西洋思想を受容した清末と、伝統に闘いを挑んだ五四時代を経験した。彼の人生のプロセスは、いずれも中国史の近代への転換と合致している。溝口は魯迅に個性および自我を「道」のキャリアとした範例を見出した。その道とは、認識のあり方として、李卓吾や戴震がかつて追求した、外来の規範を拒絶し、内心の本然に従う信仰のことであった。この自我に内在される道は、具体的に意味するところは時代によって異なったとしても、核心はつねに「天下をもって公となす」であった。「乱暴ないい方をすれば、中国の道の中心原理はけっきょくこの共同原理である。ここでは共同すること、共同であることの自覚が政治でありまた同時に道徳であり、よりよい社会関係とはけっきょくよりよい共同関係、すなわち人倫の道である(25)」。

そこから、溝口は中国思想史の基本的な観念の構造を構築した。心と道は、それ特有の感情的・精神的特徴のゆえ、信仰の次元において、天理の公と結びつくことが可能になった。感情的特徴を持たない「理」は、そこで信仰の力を借りて、「自然」によって人生に内在する主観的要求に転化した。信仰を確立し堅持したことによって、偽の道学の類の「客観的夢幻」は不断に暴露され、排撃された。周兄弟が主張した「真情の流露」といった言志の文学観も、歴史の転換期にあたって、おのずと革命文学の観念に転化した。中国社会の信仰の確立は、宗教によると言うより、「心」と「道」の自性によったと言うべきである。民衆の生活のレベルにおいて、それは外在化され、孝悌、互助、友愛など生活倫理秩序になった。士大夫あるいは知識人の精神のレベルでは、魂による道への追求は、ときには李卓吾や魯迅のようなラディカルな革命思想を生み出した。彼らは個性を称揚したが、それは中国の精神風土から乖離したものではなく、個人と社会の対立を指向したものでもなかった。それは「人人」の共同の社会理念を志向していた。

(23) 魯迅「文化偏至論」、『魯迅全集』第一巻、五七頁。
(24) 「文化偏至論」の訳語に関する溝口の解釈は、「道」の注釈一三を参照。『中国思想のエッセンス』I、二五〇―二五一頁。中国語版は『中国的思惟世界』、八二頁。
(25) 溝口雄三「道」、『中国思想のエッセンス』I、一〇七頁。中国語版は『中国的思惟世界』、八八頁。

しかし、道と心という生命感覚に満ちた思想史の概念によって魂と宇宙につながったことで、契約がどうして中国の歴史の基体の構造にならなかったのかは解釈できたとしても、依然としてまだ問題が残っている。こうした極めて哲学的なカテゴリーは、さらに社会化された解釈を必要としている。別の種類のカテゴリーを入れなければ、完全な構造とはならない。その構造において代替不可能な働きをしたのは、「公と私」の概念であった。

三　中国の公と私

「公」と「私」は、社会構造の形態に関わる一対の思想史的カテゴリーとして、溝口の研究の中で重要な位置を占めている。彼の中国哲学の概念に関する読解が、どれも思弁的性格を帯びていたと言えるならば、公私概念の比較研究は、社会史的内容に重きをおいていた。より重要なのは、彼の中国思想史におけるキー概念の読解は、ひとしく「公」と「私」についての社会史分析によって、具体的な歴史プロセスへと開かれたことである。つまり、溝口の思想史の構造的な論述の中で、重要なキー概念は、どれも公私という一対の概念を媒介として、立体的な相互関係を結べた。

日本の公私概念との比較を前提として(26)、溝口は古代から近代にいたる中国の歴史で屈折しながら拡張した公私概念の基本的な輪郭をスケッチした。そしてそのスケッチから出発して、明代中期以降、郷里空間がしだいに形成されたことの内在的な根拠を分析した。地方の紳士階層を中堅とする郷里空間は、どうして、西洋が近代以降成熟させてきた「市民社会」のカテゴリーに入れられないのか。その奥義は、中国の伝統社会の「公」と「私」という社会史的カテゴリーに対する理解が有していた内在的で複雑な論理関係

(26)　溝口は一九八〇年代に雑誌『文学』において、日本の公私観念を研究していた田原嗣郎と、中国の公私観念と日本の公私観念に関する論文を同時に連載した。中国の公私観念に関する溝口の研究は、日本の関連する研究と呼応していたという意味において、はじめから比較対照の側面を持っていた。

にあった。この複雑な論理のため、中国社会は自己の内在的メカニズムに基づいて特定の社会形態を生み出すしかなかった。李卓吾を「個性解放」と「反封建」の近代的な思想家と分類できないのと同じように、中国の「民間」も、西洋的市民社会もしくは「公共空間」の概念によって解釈することはできない。溝口は説得力をもって論じた。どうして中国には、個性の権利を基盤とする不可侵のプライベートな空間が生み出されず、「人人の私」の強力な希求が生み出されたのだろうか。どうして中国には、王朝の統治者を最高の権威とする「公」の意識が形成されず、王朝を超える「公天下」の強力な理念が生み出されたのだろうか。こうした差異は、往々にして、曖昧なまま、西洋思想のカテゴリーによって看過されたが、転換期の中国が西洋的近代の機制を受け入れざるをえなくなったとき、潜在的な形で強い制約力を発揮し、中国が近代国家を形成するときの、転化の方法と具体的な選択を左右した。中国は近代化した。しかしそれは自己の方法による近代化であった。その方法は西洋近代のロジックと齟齬をきたしたため、一般的なグローバルの思考（すなわち溝口が攻撃した西洋を「国際」と見る思考）では解釈できない奇怪な現象が生じた。そのことの大きな代価として、この奇怪な現象は、中国のエリートを含む世界中の知識人に非難され、あるいは西洋の近代性理論への修正を行う地域的な現象だと解釈された。しかし、一つの時代が終わった後、中国社会の内在的な論理を再発掘する思想課題が再びせりあがった。そのような前提のもと、公と私の観念が、中国の歴史のロジックに分け入る重要な導き手となった。

日本で発展した「公と私」の概念と比較しながら、溝口は中国の公私概念の基本的な特徴を明らかにした。第一に、日本の公私概念が価値判断を含まないのと異なり、中国の公私概念にはプラスとマイナスの価値判断が含まれた。公は「公平」「公正」などの意味を含み、プラスの価値を持った。私の概念は、古代にあっては、「私心」「奸私〔韓非子の言、邪なことをして自分の利益を図る〕」などの意味を持ち、「公」と違ってマイナスの意味になった。宋代になってようやく、私の概念が複雑な内容を持ち始め、プラスマイナス両面の意味を負うようになった。中国と比べると、日本の公私概念にははっきりと「領域」の色彩があり、超越的な倫理的意味はなかった。[27]第二に、中国の公概念は、私心に反対する倫理的な性格を持っていたため、王朝と国家より高位に、「天理」「公理」によって示される普遍的かつ原理的な価値基準を打ち立てた。日本の公概念も中国と同じように「首長性」(たとえば公家、朝廷、官など)と共同性(たとえば公開、共同など社会性)を持っていて、道徳的色彩を帯びていたとすら言えたが、中国の公概念の平均追求や利己に反対する倫理性を持たなかったため、原理的な価値にはならなかった。第三に、公と私の関係が、中国と日本の社会においてかなり異なった。中国の公理は、王朝と国家を超えることで真の意味での原理となった。中国の伝統社会では、王朝も「公平」「公正」の倫理的基準に制約され、統治者が公の倫理基

(27) 日本の公私概念が領域の性質を持っていることについては、『公私』の第一節を参照。溝口雄三『公私』、三省堂、一九九六年、七—二二頁。中国語版は『中国的公与私・公私』、三聯書店、二〇一四年、二一七—二二九頁。溝口は、田原嗣郎と他の日本の研究者の研究成果を参照しつつ、日本の「おおやけ」概念が古代にもともと意味していたのは、共同体が収穫物などを貯蔵する大きな建築物のことで、空間概念であったと指摘した。その後、このような共同体の空間は首長が管理するものなので、首長の家を代表とする共同体の概念になり、首長性と共同性という二つの要素を持つようになった。中世の幕府制、近世の幕藩体制、明治国家の階級制などの変遷を経て、前者は「天皇」と「官用」の同義語になり、後者は官がつかさどる公共の事柄になった。同じように、日本の「私」も領域的な概念であった。公に隷属しているものの公に吸収されない私人の領域を指していて、正当性を持っていた。日本語では第一人称を「私」と書けるように、これは個人の私事の領域のみを指していて、公共の事柄には介入できなかった。したがって西欧的な個人の権利を表すものにもなりえなかった。

準に合致しないとみなされると、その統治は正当性を失うと考えられた。王朝の交替は、中国では一貫して正常な、不可避の政治現象とみなされた。それに対して日本の公私の関係は垂直的な上下関係であり、私の領域は上層にある公の領域に服従する必要があった。しかも私人の領域は小さい共同体の領域へと拡張することがあり、それは同じように上層のより大きな領域に管理された。さらに日本では、公の領域は本国の王朝あるいは国家を頂点とするのみで、国家を超えるより高位の領域は存在しなかった。そのため日本では超越的な公理観念は生まれず、天皇が直接的に「公」を代表した。いわゆる「万世一系」のイデオロギーは、このような公概念を基礎としていた。

以上のように公私概念は中国と日本で異なった意味を持ったが、それはまだ議論のスタートでしかなかった。この議論は一つの前提を打ち立てた。公と私についての理解は、歴史のコンテクストが異なれば、違ったものになる。したがって歴史上の異なった時代におけるそれぞれの意味に着目することが研究の着眼点になる。溝口の貢献の真の意味は以下の点にあった。彼は中国の公私概念を思想史の全体的な脈絡の中において分析し、中国社会の平均思想の歴史的役割を解釈する有効な道筋を示し、さらに公私概念の社会史的意味を通じて、中国哲学史の抽象的な概念の歴史的な意義を開いた。その意味において、公私は、中国哲学史の核心的概念群を理解するための中軸になった。

溝口の研究によれば、中国古代には公と私に比較的明確な倫理判断があり、「天下をもって公となす」の政治理念を掲げていたとはいえ、主導的な方向性としては、君臣の秩序を強く肯定していた。宋代にいたり、朱子学が示したように、公の内実は君主一人の政治道徳から士大夫階級を中心とする普通の人が担う倫理規範へと拡張された。公の概念の覆う対象と範囲が歴史的に変化したことに相応して、私概念もより複雑なものに変化した。価値判断の対象としては、中国社会では今日でも「私」にマイナスの評価をしている。しかし明末の李卓吾はラディカルな形で一般民衆の穿衣吃飯（着ること食うこと）を人倫物理として肯定した。それがはっきり示しているように、時代の風潮は、前近代において「私」ないし「私欲」への肯定的な評価を始めた。こうした「人人」の私をプラスに見る見方は、黄宗羲、顧炎武などの思想家において確立され、私はついに公に転化する可能性を手に入れた。しかし注意すべきなのは、こうした状況下において、中国が天と人の分離の思想的条件と社会的土壌を持ちながら最後には天と人の合一に向かったのと同じように、明末清初の私の経済的権利の肯定も、最終的には個体を単位として「市民社会」を建設する方向に発展しなかった。逆に、私の権利が肯定された歴史的瞬間から、こうした「私」はしばしば「公」に問いただされた。それは万民の私、すなわち「人人の私」なのか、それとも少数の人間の私なのか。もし後者だとしたら、たとえ王朝の最高権力であっても、否定すべき「大私」に過ぎなくなった。言い換えるならば、「人人」の私を確立する際に依拠したのは、それ自身の価値の独立性ではなく、大私と比べて天下の公を体現していたことであった。公によって私を制約する方法は、個体の私の範囲を明確にすることを可能にした。それだけでなく、より重要なこととして、中国の歴史において形成された個体の私の「権利意識」は、一貫して、独立した要素としては社会的な役割を担わなかった。李卓吾の時代であれ、その後の時代であれ、あるいは現代の中国ですら、個人の権利の概念は、観念としてのみ生み出され、充分な社会と現実の土壌を欠いているが、それは偶然ではなかった。

　溝口は言う。公私の観念は明末清初の転換期において、個人の私欲の正当性を認めたものの、個人の私有権の正当性といった、ロックやルソーなどに代表されるヨーロッパ近代思想の方向へは発展しなかった。

逆に、均田と限田といった経済的主張が、つねに個人の私有財産を制限することの正当性の主張を伴った。政治面について見ると、富裕層は清朝全体を通じて自己の経済的実力と郷村における政治勢力を拡大したが、政治・経済の次元において、彼らは真の意味での「自治」を発展させなかった。清末にいたるまで中国の伝統社会では、「郷治」は日々成熟を深めたものの、中央の王朝統治の地方における力量を覆すことはなく、むしろ、客観的に言って、「権力の末端を代行する」[28]形によって発展し、強大化した。清末になってようやく、真の意味で地方自治を求める趨勢が生まれた。明代中期から清末にいたる長い過程において、中国で不断に強大化した社会の単位は、「個人」ではなく、「宗族」であった。「宗族」は、相互扶助、相互保険の役割を持つ社会の単位であり、宗族内部のメンバーは、個々の家族では負いきれないリスクを有効な形で処理することができ、しかも宗族内の個人の発達は、宗族全体の社会的な地位を強固にすることに寄与した。清代を通じて、宗族は、善堂や善会〔慈善や祭礼を目的とした民間の結社〕などによって郷村の経済生活を目標とする郷治を実現し、権力の末端を代行する方法によって、不断に王朝の権力システムに侵入しようと試み、さらに郷紳が地方の事柄を決定するやり方によって、王朝との共犯関係を築いた。団練など家を守ることを要務とした地方の武装勢力も、王朝と曖昧な関係を保った。真の意味で地方自治が生まれ始めたのは辛亥革命の時期であったが、問題は、いつ自治が出現したかではなく、こうした歴史的な「代行」が、客観的に言って、自治が生まれた後の中国の「民間」と地方政府の間の単純ではない関係を規定したことにあると言うべきであろう。もし西洋と同じように、中央と地方、体制内と体制外、官と民を対立的カテゴリーとして中国の歴史と社会を分析しても、有効に分析できる範囲は限られる。この問題については、第五節であらためて論じよう。

津田左右吉、内藤湖南から島田虔次など次の世代の大家まで、少なくとも二世代の日本の思想史家が残した学術的な蓄積のおかげで、中国思想史についての研究は、天・理・道など中国思想史のキー概念への構造的な議論のレベルまで到達していた。しかも、この二世代の思想史家は、溝口の世代の先輩として、中国の歴史についての分析を、停滞論から脱しさせ、停滞論を突破するにいたっていた。しかし、本書の上編で引いた島田の視角が暗示するように、西洋近代性理論に基づいて中国の歴史の内在的構造を整理しても、中国思想の内在的メカニズムを明らかにすることは難しいばかりか、また別の「停滞論」の悪循環に陥ることが必然であった。戦後に成長した溝口の世代の中国思想史家は、先輩の二世代の豊かな蓄積を受け継ぐと同時に、中国の歴史の停滞論の悪循環を真に突破し、正面から中国の原理を打ち立てる責任を、歴史的に与えられていた。

島田虔次『中国における近代思惟の挫折』と溝口の大きな違いは、上編で論じた李卓吾に対する李卓吾式の解釈といった具体的な論断の差異だけにあるのではない。より重要なのは、溝口が、中国の原理の内在的メカニズムの議論を、西洋近代性理論を前提とせず、中国自身のロジックを尊重する方向へと引き向けたことにある。その中でカギとなった一歩は、中国の歴史の中の公私概念や天理自然などキー概念に対する総合的な議論であり、それによって中国研究の思考の習慣を有効に転換させ、新しい視野を切り開いた。島田はかつて中国の資本主義が最終的に眼の前の利益にこだわる投機的行為にとどまらざるをえなかったことを嘆いた。彼はたしかに問題の表象を捉えていた。しかし島田は、その表象の背後にあるメカニ

(28) 溝口雄三「中国の民権思想」、『中国の公と私』、研文出版、一九九五年、二〇六頁。中国語版は『中国的公与私・公私』、一六七頁。

ズムを分析できなかった。こうした投機的な表象の深層に、ある種の秩序を備えた構造的メカニズムが隠されているのではないだろうか。マックス・ヴェーバーがプロテスタンティズムの倫理と資本主義の精神で論じた思考が、中国資本主義の近視眼と投機性を否定したあと、それを救い、立て直すことはできないだろうか。その地点において、島田は嘆くことしかできなかった。彼の嘆きは、今日でも多くの中国の研究者の同情を誘うだろう。しかし島田が立ち止まったところで、溝口はさらに掘り下げ、論述の方向を変えた。問題は再調整された。どうして中国では資本主義が充分に発展することが難しく、天然の社会主義的な傾向を持ったのだろうか。もちろん、溝口の言う「社会主義」は、狭義の公有制の政治体制を指すのではなく、より広い社会の組織のあり方とメカニズムを指している。中国がどのような社会制度を作ろうと、たとえ私有化と資本主義化に向かった場合ですら、「社会主義の傾向」が依然として潜在的な制約力を発揮するということである。

溝口は中国の公と私の観念と天理自然の間の関係に注目した。とくにこの関係が王朝の権力と矛盾をきたしたときの働きに注目した。彼は指摘した。中国の天観は、古代において「天の公」の道義的な原理となった。天の公が意味したのは、公・平・正であり、その基盤は不偏不党であった。日本が王朝と国家を公私の頂点と見たのと異なり、中国では、王朝政治の外部により高次の公私概念があった。それは王朝政治の内部にも浸透し、王朝と国家に正当性を与えたが、しかし王朝・国家そのものと直接的にイコールにはならなかった。こうした状況下において、王朝と皇帝を「大私」と見る可能性が生まれた。しかし同時に、天理の公は権威性を持っていたため、歴代の王朝は例外なく、現実の政治と天理の公の境界線をぼやかし、曖昧な形で自身の権力の随意性を公と仮称し、朝廷の公こそが天下の公であると不断に標榜し続けようと図った。「不断に標榜する」ことが、持続的な過程となった結果、天下の公は王朝政治を監督する実質的な役割を失い、空洞化して名目となった。だからこそ、天下の公を原点に戻すことが必要になった。それは荘子の時代から再三強調された万物全体の生存状態に戻ること、天地生成の無私に戻ることであり、すなわち「自然」に戻ることであった。溝口はその文脈で嵇康〔二二三―二六二〕の「釈私論」を読解し(29)、天理と公私観念の中で「自然」が担う原理的役割と現実的意味を明らかにした。

八〇年代に『文学』に連載した「自然」において、溝口は中国思想史の展開の軌跡に拠りながら、自然と天・理がそれぞれ結びついて発生した認識の枠組みの変化を論じ、さらに社会状況の中でその変化を位置づけた。彼が指摘したのはある基本的な事実であった。自然は中国古代においてもともと道家の用語であった。老子の「道は自然に法《のっと》る」という語が示しているように、老子における「自然」は、道家哲学において「天・道」などの観念で代替できない独特な意味を持った。それは天地万物の自己生成・運動性の自存的な性格、および自存的側面をあらしめる根源性・法則性であった。自然の語がこのような普遍的な意味を持つ語として広く使用されるようになったあと、漢代において、二つの方向に向けた運動が起きた。まず一方で、それは道家内部において無為として純化され、「道―自然」という特定の意味を持った。他方でそれは、根源性と法則性を持っていたがゆえに、道家以外の世俗社会へと拡張され、広い意味で、人意の及ばない領域全域を指すものとして用いられた。後者の意味が生まれたため、自然は人為を超えた法則的なあり方を含意した語彙として、前漢末から後漢のころ、理や天理と結びつきはじめ、「天理自然」

(29) 溝口雄三「中国の公・私」、『中国の公と私』、四九―五一頁参照。中国語版は『中国的公与私・公私』、五〇―五三頁。

や「自然の理」といったカテゴリーを生み出した(30)。

　下編の第一節で、溝口の興味深い論点に触れた。自然が社会の調和的秩序の契機となったとき、契約や理性を媒介とする必要がなくなったことである。この観点は、彼の公私観念と天理・自然の関係に関する議論をもとにしてはじめて正確に理解することができる。中国のいわゆる「自然法」はどうして契約関係に取って代わられなかったのか。その理由は、中国思想史における「自然」の概念が、一貫して人為世界を超越する永遠に不変の外在的法則ではなく、自然が天理・理と結びついたあと、すなわち公正、無私、適材適所といった道徳的な社会価値を担うようになったとき、人に内在する社会的規範になり、主体性のあるべき状態となったからである。その意味において、自然は契約関係を内包し、理性も内包した。とくに宋代にいたると、程朱理学が形式上「自然」を完全に人の産物にし、天の自然を人の自然へと転換させはじめた。前述の王朝政治が天理の公を自ら標榜したことについての溝口の分析とあわせて考えれば、すぐに理解できるように、自然の語は朝廷の恣意的な行いを制約する上で他では代替不可能な役割を担った。

　思想の観念としての「自然」は、もちろん自然界を指しているのではない。朱子学において、それは人の道徳的本性に関わったが、人に内在する自然法則、すなわち人力を超えたものであった。天の自然から人の自然に転換したことにより、自然が持つ法則性が社会秩序の次元において再構成される可能性が生まれた。天理自然は理を通路としたため、自然という先験的な前提は、もはや宿命論的な決定性を持たなくなり、正しいかどうかに関わる主体的な作為になった。もっとも宋代には、道徳の中に存在する「自然」と「作為」のパラドキシカルな関係は、注目はされたものの、「宋代の人の自然は厳密には、自己に内在とされる「天」の観念の束縛からいまだ自由をえておらず、この束縛との自覚的な闘いは明・清期にならなければ始まらない[31]」ものだった。

それでは、明清時期の思想史の「天」の束縛との自覚的な闘いは、どのようにして展開され、その主たる内容はどのようなものだったのだろうか。もしかつての島田の思考に沿って追跡したならば、人の自然は、自由を得るため、個人の価値を確立し、個人の権力を基礎として社会契約関係を結び、契約関係の公平と公正を求めることによって、理性的な社会を建設しなければならなかったとなるだろう。言うまでもないことだが、島田はこのような思考に基づき、近代思惟が明清時期に「挫折」したという結論を導いた。溝口はこの思考をとらなかった。彼が『屈折と展開』で紙幅をさいて論証したように、明清時期の「人の自然」は、儒家のイデオロギーそのものには対抗せず、また人の個性の価値も称揚しなかった。それが意図したのは、儒家のイデオロギーが伝播される過程の「作偽」への対抗であった。明末思想界が共有した「已むを容れざる」の概念、および李卓吾と耿定向の「已むを容れざる」に関する論争が示したのは、こうした「人の自然」の基本的輪郭であった。では明代中期から始まった「無善無悪」論から、李卓吾の無人無己の説、童心説、「真空」論、さらには清代の克己復礼観まで、儒家の経典が再解釈されたとき、どうして儒教・仏教・道教の合一という道をとり、儒家の経典内部における再構成とならなかったのだろうか。

思うに、その秘密は「自然の理」にある。

（30） 溝口雄三「自然」、『中国思想のエッセンス』I、六三―六五頁参照。中国語版は『中国的思惟世界』、一三二―一三七頁。
（31） 溝口雄三「自然」、『中国思想のエッセンス』I、七八頁。中国語版は『中国的思惟世界』、一五〇頁。

溝口が著作で繰り返し強調したように、中国の理は超越性を持たなかった。それは具体的なすじめであり、道理であった。しかし朱子学の理気論と天理観を経由して、理は宋明時期に（清代になると消失したが）形而上の高位を獲得した。この言い方は慎重に考える必要がある。超越性を持たないことと形而上学的性格という二つの判断のため、理の位置づけが微妙なものになった。理は超越性を持たない。すなわちそれは道理とすじめとなるとき、物に即する必要がある。他方で理は形而上学的な地位を持っている。すなわち抽象化して価値になりえる。言い換えれば、理はある種の観念になる。しかし、超越性を持たない観念は、つまるところ独立して存在することは不可能である。「夫唱婦随の理（程子）」と「平等自由の公理（厳復）」がともに理の観念を用いたことに見えるように、「理とはけっきょく、ヒトにとって本然と観念されたい、い、秩序の観念であるにすぎない[32]」。

その結果、自然の理の「理」と天理の「理」は、同じように「本来の秩序」を意味する観念ではあったが、超越性を持たない観念であるゆえ、それぞれ異なった役割を担った。特定の歴史時期、すなわち明末清初の時期には、それは表象の上で対立すらした。その対立は、思想史研究において、明末に顕在化した「天理を存し人欲を滅す」への反抗の思想潮流とみなされた。しかし正確に言うならば、この対立が体現したのは、二つの天理の対立、すなわち上から下に向けた教条化された「天理」（儒家の倫常）と民間社会の中に生きる人倫物理の対立であった。その対立を最もラディカルに述べたのが、童心説を主張した李卓吾であった。李卓吾は「自然の理」をキーワードにしなかったが（「真空」によって自己を作偽から区別した李卓吾の立場からすれば、あまりに多くの儒学的観念が付着している「自然」を使い難いのは明らかであった）、「已むを容れざる」を思想概念として理解するならば、それはまさに、すでに形骸化した「天理」の強調する

「自然の理」を批判し、しかもそれを徹底させて、分別不可能な無善無跡の境地にまでいたらせたのであった。

溝口は李卓吾に対する精読の中で、関連してもう一つの重要な命題を提起した。中国思想史は人欲の正当性を主張したときから、公私という道徳的なカテゴリーを通じて、人欲という「自然の理」の性格を規定した。すなわち、道徳規範は、人の欲望の外に存在したのではなく、人が生来持っている欲望の中にそれが内包された。その意味において、「人がその性の真なるものに率《したが》い、それを推拡することによって天下人人と公となる[33]」という最もラディカルな李卓吾の主張が生まれた。李卓吾の専私に対する厳しい態度は例を挙げるまでもなく分かるだろう。つまり、たとえ最もラディカルに個人の欲望の正当性を称揚した明末の思想家においてさえ、個人の欲望の解放は、依然として「天下をもっと公となす」を目標としていた。同時に、明末の「作偽」に対する厳しい態度から見るに、人為的な造作そのものが「私」とみなされた。その態度は、「自然」を道徳的基準として、個人の作偽から王朝と官僚の粉飾までさまざまなレベルの「私」を暴き、そのことによって「個人の欲望」を含んだ天理自然の公を確立しようとするものだった。すなわち、公と私の分類は社会・個人とイコールではなかった。それは個人の生活を開放し、「公」が直

(32)　溝口雄三「理」、『中国思想のエッセンス』Ⅰ、五八頁。中国語版は『中国的思惟世界』、一二五頁。理の非超越性と観念性の結びつきの歴史的特徴については、溝口の以下の論考も参照。「自然」（『中国思想のエッセンス』Ⅰ所収）、「中国における理気論の成立」（『アジアから考える』第七巻「世界像の形成」、東京大学出版会、一九九四年）、『中国の公と私』、『中国前近代思想の屈折と展開』下論第四章「中国的自然法の特質とその展開」における「中国的自然法」はどうしてヨーロッパの自然法で考えられないかについての論述、東京大学出版会、一九八〇年。

(33)　李卓吾「答耿中丞」、『焚書　続焚書』、一六頁。日本語訳は『近世随筆集』、三〇八頁。

接的に個人のプライベートな生活空間に介入できるようにした。公と私は歴史の流れの中で、日本のような空間概念をなくした。それは明確に区別可能な、固定化された空間意識を持たなかった。中国文化において個人が自分の空間を持たなかったという意味ではない。ただ個人の空間がいつでも社会空間に転換しえたという意味である。近代西洋の、いわゆる個人の権利の神聖不可侵といった領域的な思考の方法は、中国社会では歴史的な正当性を持たなかった。中国の公私観念のこうした特徴は、明末に始まったものではない。溝口が分析したように、嵇康から程伊川〔程頤のこと〕にいたるまで、感情のプライベートな性質ではなく、父子兄弟の情の扱い方が、公私を区別する媒介となった。同じ父子兄弟の情でも、感覚と表現の方法が異なれば、「公」になりえるし、また「私」にもなりえた。とくに程伊川において、父子と兄弟の情は、自然に発露するという意味では公であったが、「人、纔《わず》かに公を為さんとするに意あれば、便ち是れ私心」(『河南程氏遺書』一八)とされた。ここに示されているように、宋代において、政治・社会・道徳を一方、自然を他方としていた思想史上の対抗関係が、止揚され天理自然の公となった[34]。

丸山眞男が、人は自然から独立して出てくると考え、「作為」を近代のメルクマールの思考とみなしたのと反対に、中国で少なくとも一六世紀以降に確立したのは、より自覚的に「自然」という道徳基準によって「作為」という人為的な活動を包括する思想の体系であった。溝口の見るところ、最も明確にこの思想的立場を体現したのは、明末の呂坤『呻吟語』であった。「その人欲自然の私を払《た》め、而してその天理自然の公に順う」。この一文については、人欲と自然を結びつけたところに注目すべきであるが、より興味深いのは、人欲と自然の結びつきが、人欲自然の絶対的正当性に向かわなかったことである。依然として正当性を帯びた欲望は天理自然に向かう必要があった。その結果、人欲を存した天理が生み出された[35]。

自然という媒介を経由して正当性を手に入れたとき、個人の欲望は、公と天理を目標とした。それは中国の公私観念の基本的な特徴であった。溝口は精力を費やして、明末清初の人欲を存する天理と、朱子学の道徳的自己完成としての人欲を滅す天理との間の、継承と止揚が入り交じる複雑な関係を詳細に論じた。そして問題を、中国社会において明末清初時期に形成されはじめた「郷里空間」の歴史的意味へと向けた。近代性理論が西洋において市民社会の形成という歴史的過程を伴ったのと同じように、人欲を存する天理も、「自然の理」の形で、郷里空間の形成過程に対応した。しかしこの過程は、西欧社会のように個人の価値の確立と、理性的な個人を基盤とした契約関係の方向へは向かわず、自然の理を媒介として、個人の欲望を称揚すると同時に、その膨張を制限し、そこから独特な中国的公私関係を打ち立てた。

溝口はとくに、黄宗羲と顧炎武などの思想家の公私関係についての論述を重視した。彼は一つの重要な問題を見出した。宗族を単位とした郷里空間が発展し拡大したとき、社会の矛盾は「公と私」の対立としては現れず、「少数の私」と「多数の私」の対立として現れた。明末清初および清朝中期の思想家において、「私」がマイナスの価値を持つかどうかは、「私」の範囲および対象と直接的に関わっていた。たとえば黄宗羲『明夷待訪録』は、皇帝と朝廷の「大私」を否定すべきマイナスの価値として、万民の私の総合を「公」とみなした。したがって、中国の公と私の対立は、実のところ、異なった意味の「私」の間の対立であった。だからこそ、公はプラスの価値として、個人の欲望の正当性を保障し、同時にそれが他の個

（34）溝口雄三「中国の「公・私」」、『中国の公と私』、五二—五三頁。中国語版は『中国的公与私・公私』、五三—五五頁。

（35）溝口雄三「自然」、『中国思想のエッセンス』I、八一頁。中国語版は『中国的思惟世界』、一五五頁。

体の欲望を妨げる専制の方向に発展することを制限した。そして私のこの二重性は、流動的な状態を作り出すこととなり、つねに変わることなく単一の価値となることが不可能になった。同時に、私が正当性を獲得したとき、依拠したのは、それ自体ではなく、古くから中国社会で受け継がれてきた「公」の倫理であった。公の倫理は、「自然の理」という宋代以来しだいに人々の社会に浸透してきた具体的な「理」と結びついたため、「公を借りて私利をはかる」さまざまな「公」を名義とした「作偽」（なかんずく、朝廷の大私）を拒絶し、同時に二重の運動を行った。一方で、公の倫理は、「万民の私」ができる限り強権と官吏の圧迫を受けないよう保障し、他方で、つねに民の私が膨張したあと横暴な勢力とならないよう警戒した。それゆえ、清初に均田論と限田論が同時に出現したのは、偶然ではなかった。[36] この二つの思想は清朝中期にはともに富裕層の土地所有を強調する思潮に否定されたが、貧富の格差の是正という問題は、一貫して地主土地所有制度の発展とともにあった。均田の思想は明清時代には基本的に富民階層の内部に限られた。それが発展して民衆にまで広がり、三民主義によって代表される民生思想や、中国式のアナキズム思潮を生み出すには、清末まで待たねばならなかった。しかし、基本的な思想の脈絡として見たならば、こうした公の倫理は、時代を超えた継承関係を持っていたと言える。その基本的な特徴は、「一己の利」の正当性がますます強調され、最後には社会のすべての階層の人々の権利の要求となったことである。しかし同時に、「一己の私」は一貫して正当性を欠いていた。今日にいたるまで、それは道徳の上でマイナスの価値とされている。

ここから私たちは、西欧の近代社会と異なった指向を持つ中国の「前近代思想構造」を見出すことができる。それは状況の中でつねに流動し、ときには相互に交換することすらある「公と私」という価値を核心とし、天理・自然・道・人性（気）を組織して、相互に制約し相互に解釈しあう有機的な構造とし、そこから中国伝統社会が近代に向けて転換した際にしだいに成熟させた思想的メカニズムを生み出した。溝口が陳竜正［一五八五—一六四五］の極めて道徳主義的色彩を持つ社会観を論じたときの言葉を借りれば、それは「農業国特有の生産力発展の低さ緩慢さ、かぎられた生産量の中で民の全数的生存の相互的調和を考慮せざるをえないが故の共同体的発想、その理念としての大同思想がもつ没または非資本主義的な観念傾向」(37)と言えるものだった。

このような社会組織の構造において、「契約」、ことにヨーロッパ社会で生まれた契約の理念が、社会を構成し政治を動かす原理になりえなかったことは、言うまでもない。それは中国社会が個人を基本的な社会の単位とする歴史的ロジックと社会的土壌を欠いていたからだけではなかった。より大きな理由は、西洋社会が近代のプロセスで生み出した「対等な人間の間で合議を通じて契約関係を結ぶ」といった社会の

(36) 溝口は、黄宗羲の均田論と王夫之の限田論の間の差異を峻別した。彼は言う。黄宗羲の均田論の重点は、郷村地主を中心とする土地制度にあった。その構想は、皇帝の土地を含む土地を、一戸五〇ムーを限度としてすべての家に分配し、余った部分は富裕層で二度目の平均分配をするというものだった。これは富裕地主の利益を守る制度設計であった。それに対して王夫之などの限田論は、同じように地主の利益を保護する立場に立ったが、重点は貧富の格差の防止にあった。自ら耕作する土地の上限を定め、課税額によって土地の集中を調整することを主張した。清朝中期に地主の土地所有関係が安定したあと、均田論と限田論はともに過激な反対派に否定された。王朝権力も大地主階層とともに均田と限田に反対し、富裕層の占有という土地制度論が優勢となった。清朝後期になると、均田論と限田論に代わって、地主の土地所有制を前提として貧富の格差を是正する論述が現れた。溝口雄三「中国の民権思想」、『中国の公と私』、二一九—二二二頁。中国語版は『中国的公与私・公私』、一八〇—一八三頁。

(37) 溝口雄三「いわゆる東林派人士の思想」、『東洋文化研究所紀要』第七五冊、一九七八年、二二一—二二三頁。中国語版は『中国的歴史脈動』、三聯書店、二〇一四年、一五二頁。

構成原理と異なり、中国社会の前近代には、「約」の形態が広く存在していたとはいえ、「契約」が働くのは具体的な操作の次元（とくに社会経済生活）に限定され、政治体の組織原理にまで高められなかったからである。そればかりでなく、中国では、朝廷から民間にいたるまで、「約」は、具体的な状況を離れて抽象的な原理へと抽出可能な体系的規範ではなかった。それはあまりに雑多な内容を含んでいた。体制による強制的な拘束から、権威を持った民間の道徳規範まで、民間結社の連帯から経済生活において行われる契約までを含み、強い流動性と具体的な状況性を帯びていた。また「約」の舞台であった郷村社会は、明清時代には、「法」と「契約」を両極とする極めて豊かな場を形成した。その場のため、「約」は「契約」の関係に回収され難くなり、しかも法と契約は、現実において、論理的な理路で考えるような単純な両極対立を結ぶことができなくなった。明清社会の「約」については、日本の傑出した中国経済法学者と法制史研究者が啓発的な研究成果を出してくれていて、得るところが大きい[38]。それを基礎として、溝口の思考に沿いながら、さらに挑戦的な思考を続けてみよう。中国が近代社会に向けて転換したとき、ルソーに代表されるような契約社会の理念を生み出さなかったのは、中国社会に契約関係がなかったからではなく、契約関係より高位にあって、したがって契約関係をも包含する別の原理があったためであった。天理・自然と公・私の結びつきが、中国思想世界特有の「天人合一」の形態を作り出し、調和のとれた大同世界への追求が転化されて、現実の社会生活の中での具体的な道徳的圧力と、政治秩序を再構築するエネルギーになった。それが、伝統社会におけるさまざまな「革命」の根幹であり、また激動の中で不断に王朝が交代しながら真に分裂することはなかった政治体の内在的な生命力であった。

その内在的な生命力を、溝口は中国の歴史の「基体」と呼んだ。

(38) 私個人としては、この問題に関する初歩的な知識は、寺田浩明、滋賀秀三、岸本美緒の研究から得るところが大きかった。とくに滋賀・寺田・岸本・夫馬進の論著を集めた『明清時期的民事審判与民間契約』(法律出版社、一九九八年)、寺田浩明の論考を集めた『権力与冤抑 寺田浩明中国法史論集』(清華大学出版社、二〇一二年)、滋賀秀三『中国家族法原理』(『中国家族法の原理』、創文社、一九六七年の翻訳、商務印書館、二〇一三年)から最も大きな啓発を受けた。寺田の「満員電車のモデル」の思考は、思想史の問題としても啓発的である。滋賀は老世代の中国法制史の専門家である。彼は中国の家族制度を基礎として、さらに進めて明清時代の訴訟の基本的構造を研究し、中国の訴訟は行政の一環であり、ヨーロッパのようなコンペティションの構造は持っていないと考えた。この観点は溝口の研究と間接的な呼応関係を持っている。夫馬進の清朝時期の善堂と善会に関する研究は溝口に大きな啓発を与え、彼が後に郷里空間を論じる際の有益な材料となった。寺田と岸本はともに溝口が中心となった「アジアから考える」の議論に参加した。寺田の「満員電車」は、もともと溝口の報告に対するコメントとして出されたものである。

四　分有される法則――中国の歴史の基体

溝口の著作の中で、通史の執筆は一定の分量を占めている。そこに見えるのは、溝口の歴史に対する長いスパンを持った眼差しである。彼は幾度となく共同研究に参加し、明清時代を中心とする部分の執筆を担当したばかりでなく、たとえ単独の論文であっても、つねに歴史的な眼差しを貫き、中国思想の観念がたどった屈折に満ちた展開を論じた。

溝口はしばしば「長いスパンの歴史」の観点を強調した。それは、歴史的な時間の幅を広げることだけを意味したのではない。長いスパンで歴史を分析することが必要なのは、そうしないと屈折と迂回に満ちた歴史の歩みから最も基本的な「ベクトル」を見出すことができないからであった。それは溝口がしばしば語る「歴史の動力」もしくは「基体」のことでもあった。単純に歴史的事件を積み重ね、形式的に時間の幅を広げても、長いスパンの歴史分析にはならない。さまざまな時代の表象から、最も基本的で、だからこそ連続的な歴史の方向を掘り起こしたときにはじめて、長いスパンの歴史が分析として働く。

溝口は、中国の歴史には発展の基体があると信じていた。彼の基体論は日本では批判された。それはあるいは、日本思想に本体論が欠けていることと関係しているかもしれない。溝口の本体論についての定義を読めば、この問題はこの上なく明白である。「本体とはそれぞれの事物に内在し分有された理法にほかならず、日本に本体論的認識が「稀薄」だといわれるのは、この理法的世界観がない、ということでもある」[39]。溝口はさらに述べた。こうした分有された法則は、体用相即の形で現れる。すなわち、それは一つの独立した原則として抽象化されることはなく、ただ具体的な事象の形で発現する。いわゆる「分有」とは、具体的な千差万別の事象の間のつながりのことを指していた。言い換えるならば、中国思想がもたらした理法の世界観、すなわち中国の歴史の「基体」とは、中国の歴史の流れの中で不断に「分有」された内在的法則であった。その法則は決してスタティックな実体ではなく、繰り返される思想論争の中で形を変えながら伝承されてきた社会の共通認識であった。こうした「分有された法則」こそが、歴史のベクトルであった。

『儒教史』と『中国の思想』[40]は、溝口の通史の主たるものである。それに彼が晩年に執筆した『中国思想史』の後半の二章を加えたものが、彼の通史の代表作と言える。これらには共通点があった。思想史の解釈が動態的な視角によって貫かれ、歴史の脈絡の中で思想と社会的現実の関係を問おうとしたことである。それゆえ、溝口は『中国思想史』の「あとがき」で、自らの研究を直接的に「社会史的」研究と述べた。溝口の通史的な論述の大部分は、明清時期を主としたが、とはいえ彼の視野は、孔孟の時代から民国時代ないし現代の中国にまで届いていた。こうした長いスパンの歴史的視野の中で、溝口はよくある直線的な通史著述の形式を取らなかった。彼の歴史に対する眼差しは、つねに歴史の「原動力」を追っていた。

(39) 溝口雄三「心」、『中国思想のエッセンス』I、一八七頁。中国語版は『中国的思惟世界』、一八四頁。
(40) 『儒教史』、山川出版社、一九八七年。戸川芳郎、蜂屋邦夫と溝口雄三の共著で、第六章から第一二章を溝口が執筆した。溝口執筆部分は、溝口雄三著『中国の思想』、放送大学教育振興会、一九九一年、とともに、中国語版として、『中国思想史　宋代至近代』、三聯書店、二〇一四年、に収録された。

言い換えるならば、彼は歴史の発展と変動の過程において「要」の位置にある事件や思想だけを追いかけ、かつその要を通じて、歴史の中に潜み事件や思想を生み出すベクトルを研究した[41]。溝口の考えるところ、長い中国の歴史には、たしかにベクトルが存在した。それは一定の方向性を持ち、歴史の道筋を屈折しながら規定した。しかしその規定は、直観的な意味における静態的で閉鎖的な制約ではなく、不断に変動しながらもつれ合うさまざまな表象の間の「合力」として現れた。その意味において、溝口は私たちに思想史研究の一つの魅力的な範例を示してくれた。彼の自分の研究に対する抽象的な解説——たとえば「基体論」や「動力論」——は、具体的な研究の魅力を有効に伝えていないが、しかし表面的な用語にとらわれることなく、彼の具体的な研究に深く入る能力があれば、生き生きとしたダイナミックな思想世界が、私たちの目の前に立ち現れる。

溝口の中国思想史研究の核心的な命題は、朱子学と陽明学の継承関係に関する彼独特の議論だと言えるだろう。溝口はその継承関係を前に遡り、また後ろへ延長させた。唐代以来の歴史的変遷の中の天理観念の変化、周敦頤［一〇一七—一〇七三］や程顥・程頤の貢献を論じ、また明末清初時期、儒教が民間に浸透する過程で生まれた一連の思想命題や各種思想命題の間の緊張関係を論じた。こうした雑然とした思想のネットワークの中で、溝口が重視したのは、さまざまな思想観点の間の対立の意味だけではなかった。こうした対立やもつれから見出される歴史のベクトルをより重視した。そのベクトルは、さまざまな思想観念に対して歴史的選択を行い、その結果、李卓吾のような生前も死後も理解されず漫罵すらされた思想家が時空を超えて歴史に活きることが可能になり、他方で王安石［一〇二一—一〇八六］のような鋭敏にして果敢な改革家が歴史の辺縁に忍従せざるをえなくなった。そのベクトルは、充分な現実的根拠となり、さまざまな思想流派が歴史の潮流の中で起伏したロジックを解釈した。同時に充分な想像力を発揮し、思想観念が消滅したことを通じて、現実においてすでに共通認識となったがゆえに強調する必要がなくなった様相を見出した。

中国思想史において、朱子学は早くから定点だった。それゆえ人々は、半ば無意識のうちに、北宋の哲学思想を朱子学の前史として位置づけ、南宋の朱子学からスタートして北宋の思想を顧みた。つまり、朱子学が潜在的にある種のメタレベルでの制約の基準となっていた。周敦頤や程顥・程頤といった思想は多くの場合朱子学と関連づけられて「前史」として認知された。他方で王安石のような朱子学と直接的な関わりの少ない思想人物は、朱子学と切り離されて論じられた。しかし溝口において、朱子学は思想の集大成であり、儒教・仏教・道教の思想の核心を相互に関連させえたとされたが、しかし歴史の脈絡の中で、朱子学がメタレベルにおいてそれ以前の思想史を制約することはありえなかった。溝口は北宋時期の独立した思想価値を強調し、それを単なる「前史」と見ること、すなわち朱子学のロジックを強調することによって北宋時期の内在的な思想の理路をないがしろにすることに反対した。

『儒教史』の溝口執筆部分は、道学の通史の書き方に反し、周敦頤からではなく、王安石から書き始められた。溝口はこう指摘した。道学の通史の一貫した思考では、『周礼』を重視した王安石は、『春秋』と『四書』を重視した朱子と一致しなかったため、メタレベルの思考で冷遇された。しかし王安石は北宋時期に『周礼』によって中央集権の官僚体制を確立しようと尽力した。その歴史的貢献を低く見積もっては

(41)「ベクトル」はもちろん、もとは物理学の用語で、大小や方向の量を指す。ここでは、事物の発展の方向や趨勢を左右する力のことへと転義させる。

ならない。実のところ、王安石の進めた官僚体制の確立と科挙の経義の統一が、のちに朱子学が士大夫の学となるための可能性を準備した。彼と対立し後に朱子に崇められた程顥・程頤ではなく、王安石こそが、士大夫階層という体制的な「容器」を創出し、その後彼と対立した朱子学を容れるためのハード面での条件を準備した。他方で彼自身の新学は、そのために歴史の縁に追いやられざるをえなくなった。

溝口の王安石についての議論は、哲学的な角度だけから儒教史を考える学術習慣を突破した。彼自身は、制度史に関する研究を展開することはなく、社会史の分析も充分には行わなかったが、しかし彼が自覚的にこうした視野の中で中国思想史のロジックを考えたことは、明らかであった。王安石の「容器を創出し、その後自己と対立するものを容れた体制の学」についての溝口の鋭敏な洞察は、中国の歴史のベクトルが持つ複雑さを暗示している。中央集権の官僚体制は王安石の新法の学を自己のイデオロギーにせず、やがて朱子学をしだいに体制の学へと発展させた。つまり、中央集権の体制は、その形成時期において、体制と民間を錯綜させながら結びつけた。のちに陽明学が朱子学の道徳主義の統治学説をさらに発展させると、儒教が民間に浸透し、郷村社会が新しい共同体秩序を形成し始めた。しかし、その郷里空間の確立も、中央集権の形態を変えることはなかった。逆に、さまざまな緊張の力学関係の中で、中国の伝統社会は「集権」と「分権」（この二つの概念で中国の王朝と郷村の関係を述べるのは正確ではない。それについては以下で分析する。ここでは暫定的に一般的な意味を借用する）が併存しながら相互にもつれ合う特殊な政治形態を維持した。その意味で、溝口が周敦頤ではなく王安石から北宋以来の儒学史を述べ始めたのは、慧眼と言わざるをえない。溝口が「天」で指摘したように、中国近世に現れた歴史のロジックは、天と人の分離の条件を備えたとき、新しい天と人の合一を再度成し遂げたが、重点を天から人に移動させたこの新しい思想のプロセスにおいて、天の権威は一貫して保たれていた。この思想のプロセスと同時に、中央集権の官僚体制が不断に強化され、地方エリートが主体的に地方政治に介入する能力も不断に強められた。王朝・官僚システムと郷治システムの関係は交錯し、両者の境目は不分明であった。この複雑な緊張関係こそが、中国儒学史を解読するカギであった。哲学概念が現実と直接的に対応することはないが、概念が、それの依拠する社会・歴史の脈絡を離れて奔放に羽ばたかないことも、疑問の余地はない。溝口は中国思想史の構造に対して精緻な歴史的整理を行い、そこから、共通認識になっていた多くの哲学史および思想史の結論に対して疑問を提起した。

たとえば、中国哲学史では従来、陸象山〔一一三九―一一九三〕と王陽明を並べて論じ、「陸王心学」と称してきた。両者とも「心即理」の命題を提起したためである。また王陽明の朱子学への挑戦はよく知られていたため、陽明学は朱子学に対立する学問とされた。しかし溝口はこう指摘した。概念の表面的な類似性だけによって分類をしてはならず、また表面的な対立だけを見て内在的なつながりの脈絡を断ち切ってはいけない。こうした概念のそれぞれのコンテクストとそれが向き合った問題を精密に分析しなければならない。そのような考察をした溝口は、通常の説とは反する結論を導き出した。陸象山の「心即理」が強調したのは、究極的な意味としての理が持つ唯一性であり、華厳の「万理、一理に帰す」に近いものであった。それに対して王陽明の「心即理」が強調したのは、個別多様な理であり、それは個別の事物の中に存在したがゆえに、「一」としての定理に対する批判であった。その意味において、王陽明の理と陸象山の理は、むしろ対立していた。陸王心学はともに、心が理を担うことを強調し、格物窮理を否定したが、そのような表面的な類似では実質的な対立は覆い隠せない。陽明学は表面上朱子学を批判したが、儒教を民間に浸透させるという道徳本位の治世の原点においては、他の学説よりも有効に、朱子学の核心的理念を継承し、拡大させた。溝口は言う。「かれ〔王陽明〕にとっては、宇宙万物が法則的であるという、朱子にとって主張の枢要であったそれは、すでに自明の前提であり、法則の存在証明に多くの工夫（居敬、窮理）をついやす朱子学の方法は、いわば工夫の浪費であった。かれにとって当面の課題は、すでに自明である理の存在証明ではなく、人々にその理を自覚・実得させ、より広汎な層のなかに浸透させ、郷約その他を媒介に、郷村社会に実際に機能させることにあり、これは課題としては、朱子の目ざしたこと――理的世界の確立――の正統な継承発展であった[42]」。

朱子学が「体制の学」となったということ自体も、溝口の歴史的視野においては、再度問うべき複雑な動態的プロセスであった。彼はなんども指摘した。朱子の生前、彼の学問は真の意味での体制的な地位を獲得しなかった。晩年には王朝による迫害を受けてすらいる。また彼の死後、元代に科挙が回復して朱子学が科目に入れられたときも、朱子学が真に体制的イデオロギーになったわけではなかった。その時代の朱子学は依然として主として民間の学問であった。朱子学が硬直化し教条化した「道学」となり、強い抵抗を受けるようになったのは、明代以降であった。「道学」という言い方も、朱子の時代には硬直した保守の代名詞ではなく、過激で剛直な経世の態度であった。メタレベルで朱子の思想を測定するのではなく、朱子の著作を彼が生きていた時代において解読すれば、よくある「道学先生」とは異なる朱子を見出すことができる。彼が集大成の思想家として成し遂げた中国思想史への創造的な貢献は、後世の批判を通じて伝承された。彼の貢献は、第一に、朱子学の打ち立てた天観が天に三重の性格（蒼々の天、主宰の天、理の天、『朱子語類』巻一参照）を与え、そのため古くは人間世界に外在していた主宰の天が、人に内在する主体的能動性へと転化する可能性を生み出したことにあった。この可能性は、陽明学と明末思想家の批判的な継承を経て、現実的な形態となった。すなわち郷村の富裕層が主導する郷村統治秩序である。この視角からスタートして、溝口は断言した。王陽明は朱子学の理観の中の教条化した部分を批判したが、新しい理観を打ち立てたわけではなかった。陽明学は新しいイデオロギーを具体的に生み出したのではなく、朱子学の秩序イデオロギーを拡大した。それは、「南贛郷約」と「六諭」および「勧諭榜」を比較し、相似性を見れば一目瞭然である。この秩序観念は、最後に清末にいたり、近代中国特有の「天下大同」の理念になった。

明末清初には、陽明学はもはや思想の焦点ではなくなり、心即理や致良知も話題として時おり触れられるだけであった。しかし溝口から見れば、この「陽明学の退潮」は「事件」であった。彼は一貫した思想史の思考によって、興味深い観点を導き出した。明末に東林派を中心として展開された陽明学左派の無善無悪論に対する激烈な批判は、表面的に見れば、学派史的な意味において陽明学をくつがえす作用を果たしたことは確かである。しかし歴史の歩みとして見れば、東林派は陽明学による儒教の大衆化路線を有効に推し進めた。清代になると、儒教は民衆の日常生活に浸透し、「礼教」へと転化し、日常的な礼儀となった。陽明学の基本的な命題が思想界において主流の論述として持続しなかったのは、それが歴史的任務を基本的に完成させたからだと言える。朱子学の格物窮理が明代中期に必要性を失ったのと同じく、陽明学も礼教が民衆生活に浸透した清代以後、「心即理」などの命題は強調される必要がなくなった。しかし、

（42） 溝口雄三「心」、『中国思想のエッセンス』I、一九四頁。中国語版は『中国的思惟世界』、一九二頁。

朱子学にせよ陽明学にせよ、その経世の目標と政治理念は失われなかった。それぞれの時代の思想家の実践を経て、多彩なやり方で時代のさまざまな希求となって現れた。その核心的な内容、たとえば政治は道徳原理を本とすべきだとか、道徳の「善」は人の本質でありすべての人に追求され実現されうるとか、そのような理念は、今日でも中国の社会生活に活きている。

『屈折と展開』を書いた若いときから、溝口は観念の表面的な意味にこだわらない思想の透視力を発揮していた。この力作の下論において、彼は一章をついやして「克己復礼〔己に克ちて礼に復す、『論語』「顔淵」〕」の解釈が清代に切り開いた新しい方向を論じた。とくに王竜渓、李卓吾、顔元〔一六三五―一七〇四〕の「克己復礼」解釈を経たあと、戴震において完成された「己」と「私」の分離が持つ思想的な意味に注目した。

思想史においてさまざまな時代に生まれた「克己復礼」解釈について、溝口がたどったのは、この『論語』に書かれた儒家の古典的命題がそれぞれの時代にどのような思想課題を生み出したのだろうか、そうした課題意識と同時代の現実の間にどのような関係があったのだろうか、それはどのようにして伝承されたのだろうか、などといった問題であった。

朱子は「克己」を、「克は、勝つなり。己は、身の私欲を謂うなり」と読んだ。同時に「仁」を「本心の全徳」、「礼」を「天理の節文」と読み、さらに「仁をなすとは、その心の徳を全くするゆえんなり。蓋し心の全徳は、天理にあらざるなし。しかれどももまた人欲に壊されざる能わず。……日々これに克ち、もって難きとなさざれば、則ち私欲はきれいになくなり、天理は行きわたり、仁は用いきれないほどになる」と解釈した。[43]

溝口の見るところ、朱子が「克己復礼を仁となす」をこのように解釈したのは、彼が直面する時代の課題に対応するためであった。宋代は、明代後期のように郷村地主の土地所有権がある程度の規模をなす局面になっていなく、君—官—民の一元的統治秩序が確立されていた。朱子は宋代のこうした上から下に向けての官僚体制を信頼していた。そのため彼の思想の論述は、一元論の枠組みの中に集中し、彼の「天理」も多ではなく、一となった。これは明末の思想課題とはまったく異なる課題意識であった。朱子にとって、宋代の問題は、君主を頂点とする士大夫階層を、この一元論的枠組みを支える力量として、いかにして「克己復礼」させるかにあった。彼は、士大夫の一人ひとりを、「日々これに克ち」、「私欲はきれいになくなる」状態にしてこそ、「天下の人、皆その仁に与する」局面となり、調和のとれた社会が生み出されると考えた。朱子は、克己復礼とは個体内部の道徳の自己完成のプロセスだと強調したが、士大夫の個人としての修養を強調しただけではなく、修身と治国・平天下との関係の中において、士大夫階層が己の私を克服することで一元化された天理を目標とする政治的統治のあり方を強化する必要があると述べた。朱子は己の私の多様性を否定して、社会の上層にいる「有徳者」が道徳の自己完成を通じて民衆を感化すること、すなわち社会全体を天理の仁に統一することを期待した。朱子はしかも、こうした「日々己に克つ」を厳格に実施すれば、その効果はすばやく、かつ大きくなるとした。溝口によれば、朱子はここで「一」としての普遍的天理に対するオプティミズムを表現したという[44]。

（43）朱熹『四書章句集注』、中華書局、一九八三年、一三一―一三三頁。日本語訳は、土田健次郎訳注『論語集注』第三巻、平凡社、二〇一四年、二九七―二九九頁を参照した上で、溝口の行論にしたがい訳出した。
（44）溝口雄三『屈折と展開』、三一八―三二九頁、参照。

しかし明代後期になると、里甲制が解体し、こうした一元化の枠組みは維持できなくなった。地主階層と土地の関係も変化し、政治と道徳秩序の再構成が暗示された。しかしここまで繰り返し述べてきたように、この「再構成」は市民社会の形成を意味したわけではない。朱子から王陽明、王竜渓、さらに李卓吾、黄宗羲、顧炎武を経て、戴震にいたって、中国思想史が完成させたのは、「人欲を滅す天理」から「人欲を存する天理」への転化であった。それを示した最も重要なものは、「克己復礼」解釈の新しい意味であった。この新しい意味は、個体の欲望の合理性を確立したが、それが指し示した目標は、個体の独立した価値ではなく、万物一体の仁であった。

溝口は明代後期の鄒守益［一四九一—一五六二］、王竜渓たち王陽明門下の克己復礼に関する新解釈を整理し、朱子の「克己」解釈に対する彼らの批判で問題となったのは、朱子学の一元的な理観が明代後期の時代に適応できないことであったと指摘した。里甲制が解体し、富裕層が郷村経済のヘゲモニーを握りはじめた時代、天理はもはや上から下に向けての普遍的な道徳の自己完成ではなくなり、郷村経済の貧富の格差を解決し、民衆を安んじ、新しい経済秩序を打ち立てることを目標とするものへと変化した。そこから鄒守益の「修己」説、王竜渓の「忘己」説、李卓吾の「無人無己」説が生み出された。その共通の特徴は、日ごとにイデオロギーとして硬直化していた朱子学の専制性に反対し、「現在態」を特徴とする具体的で多様で活発な理を作り出すことにあった。宋代には革命的意味を持った朱子の「克己」解釈も、明代後期に挑戦を受け、自我内部で「日々これに克つ」ことは、意味を失ったばかりか、虚偽になった。克己を起点とした治国・平天下の連鎖も、この時期に打ち破られた。修身は必ずしも「天下仁に帰す」をもたらさなくなり、「万物が各々適所を得る」と「万物一体の仁」の間でいかにしてバランスをとるかが、尖鋭な時代の課題となった。「已むを容れざる」の時代的性格は、外在的規範には対立しながら、なお「公」の天理を追求したことにあった。それでは、人欲を肯定した天理は、思想史においていかにして克己復礼の命題を受け継いだのだろうか。

溝口は朱子の克己解釈と明代後期の克己解釈を、克己復礼解釈の二つの重要なポイントとして位置づけ、その脈絡において、清代中期の戴震の克己復礼解釈が持った思想史的意義を確認した。溝口は、戴震の考証学的方法論とは、宋学の持敬静坐を否定したものであり、彼の訓詁は「日用飲食」の事実的な条理に基づくと指摘した(45)。これは明末の李卓吾の「穿衣吃飯（着ること食うこと）は、みな人倫物理である」の命題を思い出させる。清代前期に顔元、李塨［一六五九―一七三三］が克己解釈において己と私欲を分離させたことを経て、否定されるのは「己」ではなく、外物として「己」を侵害する「私欲」になった。己と私欲の分離によって、「己」は「仁を為すは己に由る」の主体を担うことが可能になり、また「克」される対象から救い出される根拠を手に入れた。ただしその根拠は形而上学のものではなく、里甲制が解体したあとの社会状況の中にあった。戴震において、さらに私欲が「私」と「欲」に区分された。否定されたのは「私」、つまり達しない欲であり、血気の自然としての欲は克の対象から取り除かれた。それぞれの思想家の叙述の方法や概念は異なったが、全体的な方向としては、戴震の時代にいたって、宋学の一己内部の道徳の自己完成は時代的意義を失い、それに代わって、混沌とした状況における「人欲を存する天理」が模索された。私に対する否定と欲望に対する肯定によって、戴震は清代の克己解釈を、顔元などが到達でき

（45）溝口雄三『屈折と展開』、三一一頁。

なかった新しさにまで推し進めた。

溝口は戴震に対する分析において、微妙なバランスに注意した。戴震はたしかに考証学において人欲を肯定し、それによって郷村地主の土地所有制が生み出された時代の富裕層のイデオロギーを体現した。しかし戴震が求めたのは新しい理観であり、顔元、李塨の時代にはまだ生まれていなかった客観的な規範性であった。その目的のため、戴震の克己復礼解釈の重点は、人欲の肯定に集中することはなく、人欲を肯定すると同時に、過度に膨張した欲である「私」を否定した。こうした表裏両面を持った問題意識のため、戴震の克己解釈では、「克」が解釈されず、重点がもっぱら「己」と「天下」の関係に置かれることになった。この訓詁学上の破綻を、溝口は戴震の理観の新しい貢献へと転化した。

血気心知の自然とは、気稟気質とは、人とは、すべてア・プリオリに合法則的なものであるとすることの全き性善説において承認される己欲とは、本来的に他欲との相互連繋性を内在せしめるものでなければならぬ。個的生存はしたがってア・プリオリにいわば天下的連繋性を内在せしめており、そのためこの天下的連繋は個対個の主体的対立を捨象したものとなる。(46)

戴震が到達した人欲に対する肯定は、方向において、朱子学以来の理先気後の人性論と天理観を変えてはいなかった。それと人性論・天理観との間の具体的な論点における対立や止揚は、矛盾していなかった。克己は清代の理観において、一己内部の主観から万人普遍の客観へと転換し、己私に克つことから人欲の合法性を承認することへと転換し、理を一とする一元論から理を分ける多元論へと転換した。それはいずれも時代の課題の変化によってそうなったのであった。こうしたさまざまに転換しながら中国の歴史を切断しない基体も、溝口の『屈折と展開』の主題であった。

この名著を通読して感じるのは、構造を把握するのが難しいことである。上論の二つの章は、基本的に李卓吾を中心に分析がなされた。核心となる命題は、「已むを容れざる」と「無善無悪」の思想史的な理路と社会的な基盤であった。下論は四つの章から成った。下論最初の章は李卓吾と東林派の異同から始め、表象における対立の下に隠されていた複雑な思想的伝承関係を分析した。続く三つの章では、黄宗羲の『明夷待訪録』の歴史的位置、清代前期における新しい理観の確立、中国的自然法の特質とその展開が扱われた。この三つの章で論じられる専門的な問題は、具体的な方向がそれぞれ異なっていて、上論と直接的な関係がないように見えた。この著作の全体的な構造をいかに把握するかは、私を困惑させた難題であった。溝口雄三著作集を編訳する過程において、彼の一生の著述を全体として読んだことで、ようやくこの難題を解く手がかりを見出すことができた。まとまりがないように見えるこの著作には、緊密に組み立てられた内在的な理路があった。この著作が論じたのは、中国の明代後期以来の歴史過程においてしだいに形成された、人を重点とする天理、すなわち「人欲を存する天理」が、過酷な歴史の流れの中で血の代償を支払いながら、いかにして近現代中国の基礎を築いたかであった。

『屈折と展開』は、李卓吾の「飢餓感」から始まり「中国的自然法」によって終わるという「屈折」した構造を持っている。この論述の内在的な理路は以下のようなものである。個人の欲望は、基本的な生存の欲望から無制約な占有の欲望まで、人によって異なるが、いかにしてそれに合理性の境界を確定させるのか。上から下に向けた儒家の倫理が社会を導けなくなったとき、新しい倫理観が直面したのは、いかに

（46）溝口雄三『屈折と展開』、三一三頁。

して個人の生存欲を解き放つと同時に、それを共存共生の歴史的要求に合致させるかという問題であった。李卓吾は「已むを容れざる童心」を基本的な思想として、いかにして万人万象の形而下レベルにおいて思想原理を打ち立て、自我の欲望と他人の欲望が相補的になるやり方で新しい社会のメカニズムを作るかを、一生をかけて追究した。彼にとって最大の敵は、欲望そのものがコントロールできないことではなく、道徳の名義で欲望を抑圧し、隠蔽する外力であった。李卓吾は、已むを容れざる本心を、最終的に「至善者無善」の境地にまで推し進め、分別する心を消し去った。学理のレベルでは、無人無己という「万物一体」の境地に向かったと同時に、千仏万仏が同じくなれない形而下の理を打ち立てた。他方、現実においては、激烈な論争を引き起こし、社会風俗を腐敗させたという罪名を着せられたが、ラディカルなやり方で市井の小市民の生存欲の正当性を確立した。李卓吾に関する議論の中で、溝口は李卓吾が直面したジレンマにはあまり紙幅をさかなかった。すなわち、李卓吾は穿衣吃飯（着ること食うこと）という人倫物理を肯定したが、いかなる媒介によって、彼が期待したような誰もが各々適所を得る社会秩序へと真に転化させることができるのかという問題である。李卓吾は、それは自然に出現しうると考えた。それが一方的なユートピアの想像であることは明らかである。外在的な制約を排除し、ただ人の自然の本心に「回帰」するだけで、自動的に調和的な社会秩序が生成されないことは明らかである。これは李卓吾が成し遂げられなかった思想的・現実的課題であった。その後の論述において、溝口も議論を明末の厳しい社会矛盾の方向に向けはしたが、最終的に彼の議論は主として思想史の学理に集中し、また島田虔次の西洋式論述への応答を過度に意識したため、李卓吾の思想課題の内在的矛盾は弱められ、ないしは解消された。

溝口は上論において半ば無意識のうちにこの問題を避けたが、下論では一定程度論じた。清代の思想史分析では李卓吾は引かれなかったが、一つの伏線となって、李卓吾が明末に解決できなかった個体の欲望と全体の調和の間の矛盾の問題が、下論で表に出て主線となった。溝口は戴震の新しい理観を論じたとき、興味深い問題を指摘した。「客体としての己れが他者の総体としての天下との間に阻隔をなくすること、ここに「復礼」があり、ここに「礼」の「至当不易之則」なるゆえんがあるとされる[47]」。

朱子や明末清初の人物にとって、「己」は主体の概念であった。溝口は、戴震が個体の己の欲を天下のあらゆる人との関係に置いて考えたとき、個体が客体の概念に転化されたと考えた。それゆえ、顔元が己の内部で欲に克つと主張したのに対して、戴震は、社会化された産物であることを根拠に、欲の正当性を主張した。そのとき、この欲がつまるところ「血気の自然」すなわち正当な生存の欲なのか、それとも「欲の失」すなわち過度に膨張し他人を妨げる欲なのかは、一己の内部の判断によっては決することができなくなり、他者との関係によって決められることとなった。言い換えるならば、個人の血気と心知としての欲望の、その内容は固定的ではなく、それが正当かどうかは、時代の社会関係によって決せられるものになった。

しかし他方において、この社会関係の中に存在する己は、依然として主体としての責任を負った。それが「復礼」であった。ただこの主体は、社会関係の中でのみその責任を果たすことができた。李卓吾から戴震まで、中国思想史は、上から下に向けた「一理」から、横につながる「人人」の理へと転換を遂げた。礼に対する認識も転換し、復礼の「礼」は、外部の規範に由来するものではなく、性情そのものから出る

(47) 溝口雄三『屈折と展開』、三〇八頁。

ものとなった。欲が正当なのは、「一人《いちにん》の欲は、天下の人の同じうするところの欲なり(48)」だからであった。前述のように「道」と「心」が人の感情を内包したのと同じく、「礼」も個体と天下の欲を同じくしようとする志向から離れられなかった。戴震において、克己復礼は、精神における道徳の自己完成によって天下を仁に帰せしむものではなく、天地生生の道の中で己の欲を遂げ、また人の欲を遂げようと思うことになった。それが戴震の時代の「仁」であり、「仁を為すは己に由る」の主体である「己」が、他人との関係の中でこそ果たすことのできた社会的な責任であった。

清代の新しい理観の延長線上において、溝口は最後の章で「中国的自然法の特質とその展開」を論じた。これが溝口の著作において、李卓吾から導かれた長い思考の旅の果てにたどり着いた境地であると言えるだろう。

中国的自然法は、溝口にとってあまり使いたくないものの、使わざるをえなかった概念であった。彼は、中国にはヨーロッパ的な意味における超越的な自然法がなかったと強調した上で、無理をしてこの概念を使用した。一九七〇年代後期には、ヨーロッパの思考によらずに中国の法と社会秩序体系を研究する成果は、いまだ成熟していなかった。思考方法において溝口とかなり交わるところのあった著名な中国法制史家である滋賀秀三の『中国家族法の原理』はすでに出版されていたが、彼の『清代中国の法と裁判』はまだ出版されていなかった。しかも寺田浩明、岸本美緒など下の世代の優秀な中国法制史家・経済史家の重要な研究成果もまだ出ていなかった。したがって、溝口の中国自然法についての議論は、関連するリソースを欠いた状況で行われた。その完成度は、明らかに李卓吾研究に及ばなかった。しかしそれにもかかわらず、著作全体の中でのこの最後の章の位置は依然として重要であった。この章は著作全体を理解する方向を指し示し、溝口の一生の仕事を理解する方向を指し示したからである。
自然法はヨーロッパに起源を持つ概念であった。人の自然な本性を基礎とした正義の法則であり、歴史的には神の教義と結びつけられたため、さまざまな時代の実定法よりも高い権威を持った。近代以降のヨーロッパ自然法観念は、理性的な人の重要性を強調し、平等・自由などヨーロッパの近代的観念も自然法の範疇に入った。文字表現の次元で理解するならば、中国の歴史も自然法を打ち立てる条件を欠いてはいなかった。対応する概念を「天理自然」と置き換えれば、中国にも自己の自然法体系があったように見える。

溝口の前の世代の学者であった丸山眞男は、『日本政治思想史研究』において、朱子学の思想を中国封建時代の「自然法」とみなし、朱子学の自然法の思考は人間の社会秩序を外在的な自然に従属させる「静態的思惟」であって、変動のない社会特有の産物であると考えた。丸山は日本式の訓読によって『朱子語類』などの著作を読んだため、「天理」や「自然」に対する理解も、無自覚のうちに日本漢学の理解に従うことになった。また丸山の研究の重点は宋代の朱子学ではなく、日本政治思想史であった。そのため彼は中国の朱子学に触れはしたが、かなりの部分、日本の朱子学の視角から中国の朱子学を扱った。丸山は影響力があったため、溝口は丸山の中国的自然法に関する観点について、応答をせざるをえなかった。おそらくそれも、溝口が「自然法」という概念を使わざるをえなかった理由であろう。李卓吾を個性解放の先駆けとみる観点に疑問を提起したのと同じように、溝口は、中国的「自然法」もまったく別のものであ

(48) 戴震「孟子字義疏証」巻上「理」、『戴震哲学著作選注』、中華書局、一九七九年、六五頁。日本語訳は安田二郎『戴震集(中国文明選第八巻)』、朝日新聞社、一九七一年、四九頁、を参照した。

り、それ自体の特質を持っているのだから、「自然法」と呼ばなければならない必然性はないと考えた。その意味で、この章は、かなりの程度、日本の学界の状況に向けて展開されたと言える。

溝口の疑問提起は以下の二つの認識に基づいていた。第一に、中国には現実生活を超える形而上的な「法の世界」はなかった。つまり、中国には法の現実はあったとしても、ホッブスやルソーたちが打ち立てた法理や契約社会に関する理性的な世界のような、法思想はなかった。中国の天理自然は、いたるところで形而下の社会生活に浸透した。それは現実政治の道徳基準に影響を及ぼし、転化した。しかも時代ごとに異なった内容を持っており、単純な抽象的議論は思想的な意味を持たなかった。したがって、これは現実の社会生活を超えなかった「超越的価値」であった。第二に、中国の「自然法」は、「本来」と「合当」という朱子が確立した道徳的カテゴリーを守った。この道徳的秩序の意味内容は、「べき」や「当為」のカテゴリーよりも大きく、人間が水中で呼吸できず魚は水中でしか生きられないといった類の、「そうあるほかない」性質を持っていた。

以上の二つの理由に基づき、溝口は、郭象〔二五二―三一二〕が君臣関係を手足の上下に喩えたことから朱子が君臣関係を「義合」とみなしたことまで、また呂坤が社会のヒエラルキーを「定分」としたことから戴震の統治と特権階級を批判した「分理」まで、中国の「自然法」は一貫して、人の理性ではなく、自然を起点としたと考えた。それゆえ溝口は戴震の「仁」を中国的自然法の到達点とみなした。戴震は、「血気の自然に由りて、審らかにこれを察して以ってその必然を知る、これをこれ理義という」[49]と述べ、人の自然の欲を必然に帰し、すなわち強烈な全体的道徳性を持つ「理義」に帰した。それは方向性として、いわゆる主体の個性的価値という命題を拒絶したのであった。戴震の主体は、全体的な調和の中に解消された主体であった。このような主体に現実の支配秩序を打破する個性の原理を期待しても、当然のことながら裏切られた。丸山が強調した人為的作為をメルクマールとする近代性の誕生も、そもそも議論されえなかった。

しかし、溝口はここで以下のようにまとめた。

> だがわれわれはこの天意的必然の人意に対する伝統的優位にかえって着目するのである。手足上下から義合へ、義合から定分へ、定分から相互連繋的な仁へというこの中国的自然法における本来・合当の推移は、人間的自然を天理自然に自爾的に相即せしめた、端的にいえば天理のあるいは天意的必然の内実の推移であるが、……それがその内実を現実に即して転質しつつなおいわば天意的自然法としての優位、とりわけ人定法に対する優位性を失わぬそこに、かえって現実の人定的秩序に対する破壊のモメントが見いだされうるだろうと思うのである。(50)

李卓吾から戴震まで、明清時代の思想家は、私たちに援用可能な思想のモデルを残さなかったのかもしれない。しかし、李卓吾が風雪の夜に黍か米を食べたことから論述を始めて、戴震の血気心知の自然まで読者を導いた溝口の思想の旅路から、ぼんやりとした主題が、しだいに明らかになってきた。李卓吾が自然に現れると考えた、誰もが各々適所を得る調和社会の構想は、最後には天意の必然に基づいて不断に社会秩序を再構成しようとする変革の要求に転化された。長いスパンの中国の歴史の中に私たちが見出したのは、「社会主義」のロジックだけでなく、「永遠革命」のロジックでもあった。これこそが中国の歴史の

(49) 戴震「孟子字義疏証」巻上「理」、『戴震哲学著作選注』、一一一頁。日本語訳は溝口雄三『屈折と展開』、三五四頁。

(50) 溝口雄三『屈折と展開』、三五七頁。

基体であり、すなわち分有される法則であった。

通史の眼差しを持つことで明らかになった歴史の軌跡を踏まえて、溝口は最終的に視線を王朝解体後の近代中国ないしは現代中国に向けた。彼は表象の上での断絶を飛び越え、慎重に、歴史の内在的なメカニズムに迫ろうと試みた。思考の展開にしたがって、彼は思想史家特有の鋭敏さによって、重要な歴史的瞬間を捉えた。その歴史的瞬間とは、辛亥革命であった。彼の辛亥革命に関する独特の論述は、晩年に最初の論文が間に合っただけであったが、ある意味において、彼の一生の探究の結晶であった。溝口雄三の著作集を一つの全体として読むならば、辛亥革命、および彼が論じられなかった一九四九年の建国革命は、中国の歴史の基体を現す最も鮮やかな瞬間となったであろう。こうした重要な歴史のポイントを通じて、中国の歴史の基体は、溝口によって完全なる動態のプロセスとして表現された。その展開のプロセスは、私たちに今日の中国を理解する有効な道筋を示している。

五　郷里空間と郷治運動

溝口は、李卓吾に沈潜したのと同時に、李卓吾と対立した東林派の明末における思想と実践についても精緻な研究をした。この複線的な思考経路によって、彼の明末思想の構図は立体感を持ち、東林派の李卓吾に対する討伐から、思想対立だけでは汲み尽くせない社会史的命題を読み込んだ。

「いわゆる東林派の人士の思想」は、若い頃の溝口のもう一つの力作である。この論文で、彼は学界の東林派研究の定説に対して数々の疑問を提起した。たとえば、東林派は中小地主の利益を代表しているというもの、民衆に同情心を持っていたというもの、政治的に宦官政治に対抗したというもの、思想と学理において無善無悪論に反対したというものなどである。溝口の考えるところでは、こうした定説は問題の表象の一部を捉えたに過ぎず、東林派の矛盾を有効に解釈できていなく、また東林派の人士と時代の関係という根本的な問題に回答できていなかった。前者について言うと、東林派はどうして弱者に同情すると同時に奴変に対して断固たる鎮圧をしたのだろうか。反鉱税闘争では民変に参与しながら、どうして大郷紳に反抗する民変は鎮圧したのだろうかという問題があった。後者について言うと、明末の激しく変動する歴史の中で、東林派の行いは、彼らの中堅が李卓吾を迫害したからといって、「封建専制」に分類されえるのだろうかといった問題があった。溝口はこうした問題を転換期の社会史的視野において位置づけ直し、分析の理路を出した。

里甲制が解体し始めた明末時期、王土と民土の対立が尖鋭な矛盾となった。東林派は当時の郷村地主の中の地主階級全体の利益を強化しようとする一派を代表した。彼らは朝廷に対して郷村統治の自主性を主張することを通じて、そして分権ではない「自治」の努力を通じて、郷里空間を確立させた。善堂や善会など相互扶助のメカニズムを基盤とした郷村生活において、民と王朝（国家）の関係は、単純な対抗関係ではなかった。むしろ中国は近代にいたって、官、紳、民の複雑な相互関係を形成し、郷村生活の運営は郷紳階層を中間的な力量として進められた。郷約と礼儀が郷里空間の秩序の機制として、外部からの行政や律法より現実的な拘束力を持った。戦乱と社会の流動が加速するにつれて、宗族を基盤とする地縁社会は、地方の武装すなわち団練も組織した。これは軍閥の前身であり、地方の武装組織として、太平天国の掃討に参加することもあれば、清朝の滅亡を早めることもあり、辛亥革命において複雑な役割を果たした。中国近代の歴史は「天下」と「生民」の潜在的論理に貫かれていたが、こうした郷村社会の特質は、国の閉鎖を解き近代世界と向き合わざるをえなくなったプロセスの中で、辛亥革命を媒介として、その後の近代的国家を形作り、さらに「社会主義」に対する要求を生み出した。

溝口は前近代中国思想史研究の大家であり、清末民国初に対する研究の比重は大きくなく、民国時期についての研究はさらに限られていた。しかし、彼の中国の歴史に対する認識は、全体性を持った構造であり、その構造はもちろん現代中国の歴史も含んでいた。中国は辛亥革命のあと三八年の時間を費やしてようやく建国を達成したが、溝口の見るところ、その時間の長さは、中国が歴史転換期に担った重荷を示していた。それは列強の圧力のもとで転換を成し遂げた困難に満ちた過程であった。日本が日清戦争から日中戦争までほしいままに振る舞えたのは、実のところ、この転換期という特定の時期に「人の危機につけこんだ」からに過ぎなかった。溝口は日本の不名誉な侵略行為に対して厳しい批判をしたのみならず、歴史家の立場から日本内部の軍国主義の風潮にも警告を発した。日本社会の中国に対する傲慢で尊大な態度は、中国が特定の歴史時期にあったことを前提としていた。その時期に日本が相手の危機につけこんだ行いは恥ずべきであって、どうして誇れようか。その歴史時期が終わりを告げつつあるとき、すなわち中国の歴史の転換が完成したとき、日本がかつての軍国主義の道を再び歩むことは不可能であり、また東アジアの大国を自認することも不可能である。日本は自己にふさわしい位置を見出して、現実に合致した「小国」となるべきである。(51) 二〇年近く前に書かれた溝口のこの警告は、今日、より一層切実な現実感を持っている。ここに彼の歴史的眼差しの最もよい事例を見ることができるかもしれない。

清末民国初の辛亥革命は、中国社会の大きな転換が始まるポイントであった。この「ブルジョア革命」は、通常は不徹底な革命とみなされ、また歴史の脈絡の中で中国近代史の起点と位置づけられている。しかし、溝口において、その位置が調整された。溝口にとって、辛亥革命は、一六世紀後半から始まる儒教の民間への浸透という長いスパンの歴史過程の到達点であった。それは歴史的な役割を完全に果たした。辛亥革命は、多くの挫折と失敗の中でも、中国社会が三〇〇年にわたって蓄積したベクトルを存分に発揮した。郷里空間の郷治を基盤として、省を単位とする政治・経済・軍事的力量を組織し、省の独立をスローガンとして、郷村地主を主体とする地方勢力が、清朝に取って代わるのではなく、清朝から離脱することを政治的目標とし、東部と南部では省の独立を実現させた。それまでの歴史と異なり、辛亥革命の原動

(51) 溝口雄三「小日本与二十一世紀」(中文論文)、『中国研究』九六―一、一九九六年。

力は反乱軍から来たのではなく、各省の「団練」を主体とする地方の武装勢力から来た。たしかに、「中央を欠いた」革命は、わずか短い時間の歴史的瞬間でしかなかったが、溝口は、この短い歴史的瞬間が持った意味に注目した。

辛亥革命の歴史的特質の一つは、……各省の独立という形態をとったことにあるが、この「独立」とは、いいかえれば清朝統治体制からの省権力の離脱であり、また省の離脱による中央集権的な王朝統治体制の瓦解である。この瓦解の空白を埋めるべく、革命後、さまざまな国家構想が中国大陸のうえに錯綜した(52)。

この短いながら混沌とした瞬間に、中国の歴史はヨーロッパの歴史と異なるロジックを示したと言えるのかもしれない。そのロジックは、明末清初にすでに社会的共通認識となり、清代の間に礼教などの社会秩序によって、また「万物一体の仁」などのイデオロギーを通じて、しだいに結実して地方社会が自己主体の力で「郷治」を実現する基盤となっていた。郷治は西洋的な意味における地方自治とは異なり、王朝体制に対立する政治形態ではなかった。王朝・官僚体系との関係は、むしろ不確定で、ときには相互協力的とすら言えた。それは政治権力を目指した運動ではなく、核心にあったのは郷里空間の経済生活そのものを運営することだった。王朝体制が郷村生活を充分に保障できない状況のもとで、郷里空間の郷治は、紳士地主を主導として、郷約によってつながり、善堂や善会などの義挙を利用して公益事業を行い、さらに団練を中心とする地方の武装力をしだいに整えた。歴史学者は清朝政府の腐敗・無能や暗黒の専制ばかりに着目して、郷里空間が中国大陸のカギとなる地域でしだいに成熟していたことを見逃した。その点について溝口は、清朝を暗黒で腐敗した歴史的時代とみなすことに同意できなかった。清朝は郷里空間が成熟に向かった母胎であり、中国近代社会の基本的な形態を育んだのである。

歴史学界が郷里空間と郷治の働きを充分に強調しなかったのには、もちろん理由があった。清末以来、中国の有識者は、亡国の危機意識のもと、伝統を否定する啓蒙の声を上げた。五四時代には、礼教の暗黒部分が極大化された。郷里空間の郷治は、それ自体が、秩序を持った定型的な社会組織ではなかった。まして郷治の過程において重要な役割を担った団練は、またたく間に地方の軍閥になった。近代中国では、軍閥に対してはマイナス評価が圧倒的である。そのため、辛亥革命以後、軍閥混乱時代から抗日戦争を経て、郷里空間と郷治は近代国家の独立と建国の大趨勢に吸収され、救国運動の後ろに「隠匿」された。イデオロギー上の中国論と郷村の現実生活の間で、伝統社会の緊密な関連性が失われた。この事態は、それ自体が歴史の真実を示している。直観的な意味で伝統社会に依拠した郷治の秩序は、激しく変動する近代社会の現実に対応できなかった。帝国主義が侵入し独立主権国家の建設が必要となったことに促されて、中国の知識エリートと政治エリートは、伝統的なイデオロギーを放棄して、別のディスコースを用いることになった。

しかし、ディスコースの変化は歴史の現実の変化を意味するわけではない。その意味において、溝口の思想史研究は認識のあり方に関わる重大な挑戦を行った。ある時代の主流ディスコースだけに依拠してその時代の基本的状況を判断することができるのだろうか。五四時期の知識人の危機意識から生み出された叙述と現実の間のズレをいかに区別するかという問題は、「もう一つの「五・四」」、「礼教と革命中国」

(52) 溝口雄三・池田知久・小島毅『中国思想史』、東京大学出版会、二〇〇七年、二一六頁。中国語版は『中国的歴史脈動』、三聯書店、二〇一四年、二六八頁。

（いずれも『中国の衝撃』所収）などの論文ですでに明確に提起されていたが、「辛亥革命の歴史的個性」（『思想』二〇〇六年九月号）および『中国思想史』第四章「激動の清末民国初期」（いずれものち、中国語版『中国的歴史脈動』に収録）で、溝口はこの問題を正面から扱った。礼教秩序が「人を食う〔魯迅の言〕」側面を含んでいたことは歴史の真実であった。しかし礼教秩序が相互扶助の働きを果たしたことも、同じように歴史の真実であった。問題は、近代の激動の戦争時期であっても、人を食う側面と相互扶助の側面は、さまざまな形でもつれ合っていたことである。ここで、溝口が述べた本体に関する定義――それぞれの事物に内在し分有された理法――を想起し、事物の表象に対する分析を慎重に行えば、一つの基本的な事実が容易に見出されるだろう。すなわち、二〇世紀になったあとも、はては郷里空間が形態としては破壊された今日ですら、中国伝統社会の基本的なベクトルは依然として消えていない。それは形を変えただけで、伝統社会が欠いていた近代的な要素を吸収したが、今もなお中国社会の基本的な歩みを左右している。そのベクトルとは、共同富裕と勧善懲悪の希求である。

溝口は興味深い観察をした。伝統を徹底的に破壊したとみなされる文化大革命の時期、中国社会はむしろ礼教社会の倫理規範を極致まで発揮した。個人に対する集団の優位、専門的知識に対する紅色イデオロギーの優位、法治に対する人治の優位、私に対する公の優位などといった価値判断は、まさに儒教の倫理規範の極端な表現であった。ただこうした倫理規範の内容が近代的革命ディスコースに置き換えられただけで、価値判断そのものは変わっていなかった。溝口の思考に沿ってさらに議論を進めるならば、改革開放がさまざまな困難に直面したとき、儒学のロジックが復興したのも、唐突なことではない。現代中国の和諧社会、相互扶助、家庭倫理などの強調も、郷里空間がかつて依拠したイデオロギーの現代版ではないだろうか。

溝口の辛亥革命という歴史的瞬間への着目は、かくして思想史的な意味を手に入れた。歴史はつねにそれ自身が直接的に姿を現すことはなく、危機が飽和した瞬間に、突然、内在させていたベクトルを表に出し、その後の方向を暗示する。辛亥革命が一段落し、中国革命が次の段階に入ったとき、人々は容易に、その瞬間とその後の歴史の表面上のズレを見逃し、近代中国思想を合理的に西洋近代の社会思想と結びつけた。しかし歴史の瞬間から出発した溝口は、長い歴史のスパンを持った歴史の研究を総括して、他人とは異なる思考を導き出した。

溝口は辛亥革命前後の文献の中で、とくに孫文の『三民主義』に重要な位置を与えた。彼は多くの論文で一つの観点を強調した。『三民主義』は中国伝統社会の政治理念を直接的に継承しており、「大道の行わるるや、天下をもって公となす」を政治目標とした。孫文の民生主義が強調したのは、四億人の衣食が足りることであり、そこで提唱されたのは公天下の原理であった。彼はさらに、民生主義とは社会主義、共産主義であり、すなわち孔子の望んだ大同主義であるとさえ言っている。同じように、孫文の民族主義が主張したのも、強きをおさえ弱きを助け、富めるものを圧し貧しきものを救い、もっぱら世界の弱小者の公正のために声を上げることだった。また孫文は、中華民族の真の精神は、公理によって強権に勝ち、大同の治を成し遂げることにあると考えた。その基礎となったのは、伝統に固有の道徳と平和精神であった。さらに興味深いのは孫文の民権主義思想であった。孫文は中国の民権は西洋式の個人の権利とは異なり、核心にあるのは平等であって、自由ではないと考えた。どうしてそう言えるのか。中国は古代の封建制度が破壊されたあと、専制による暴政が普通の庶民のレベルまで届かなかった。人民は政府や皇帝に対して、租税を納めさえすれば、それ以外は、人民が皇位を侵すようなことをしない限り、干渉されなかった。それゆえ、ヨーロッパで中世の専制体制から自由への渇望が生み出されたのと違って、中国の民衆は自由の不足を感じることがなく、むしろ貧困の苦痛を感じた。彼らが関心を寄せたのは自由ではなく、財産を築くことだった。孫文の見るところ、五四時期に学生運動を行った青年学生は、中国の基本的現実を理解していなかった。「中国にはむかしから、自由の名称こそなかったが、自由の実質はたしかにあり、それもごくじゅうぶんに、これ以上もとめる必要がないほどあったのであります」(53)。しかし、その自由は政治権利ではなかった。それは非政治的であったばかりでなく、国家が自由を勝ち取るためには有害でもあった。中国の民衆の「バラバラの砂」の自由な状態は、清末以来、啓蒙思想家と活動家によって批判された。孫文の民権主義思想は、そうした認識をよく現していた。彼の見るところ、中国に欠けていたのは、個人の自由ではなく、民族の自由であった。人民がバラバラの砂である状態を変えるため、砂にセメントを混入するように民族主義を注入しなければならない。その結果おのずと、人民の自由が制約されることになるが、国家が対外的に完全な自由を獲得できる。国家が自由を獲得したあとにはじめて、孫文が求める民権政治、すなわち「四権〔人民の四つの権利〕」による「政権」〔政権とは、四億の民衆が持つ政治を監督する権力〕と、「五権分立」による「治権」〔治権とは、政府機構が実行する民衆の政治意志〕の政治形態が実現可能になる。たしかに、孫文の「政権」および「治権」に関する構想がユートピア的であったことは明らかである。しかし注意すべきなのは、ユートピアには重要な現実的意義があったことである。孫文は中国の現実政治が極度に混乱した時期になお、その政治構想によって、西洋民主政治の不徹底性を冷静に指摘できた。今日でも、孫文の西洋民主政治に対する分析はいまだ時代遅れではないと認めざるをえない。彼の「政権」

と「治権」に関するデザインがなかったら、民主政治に対する分析も不十分になるだろう。

『三民主義』は公衆に向けた連続講演であり、分かりやすい言葉で道理を説いたテクストであった。そのテクストの文面から見て取れる重要な特徴は、一九二〇年代初頭の中国において、民衆に向けた政治演説で利用されたのが、伝統的儒学の道徳観念だったことである。それは聴衆の価値観を示したのみならず、極めて印象的な形で、中国の伝統思想が近代的理念に転化したときの基本的特徴を表した。孫文はフランス革命の自由・平等・博愛に対応させて民族・民権・民生を説明した（この対応関係自体が、西洋の観念を直接的に適用する可能性を突破し、概念を異なった意味に転化させている）のみならず、さらに重要なことに、政治家が概念を用いるときの歴史的眼差しを示した。孫文は核心的な問題を捉えていた。すなわち、中国の伝統社会の王朝統治モデルは、全面的な専制ではなく、専制を、租税の納入と王朝統治をくつがえさないことの二点の保障の範囲にとどめた。言い換えるならば、伝統社会の専制は社会生活の次元にまで届かなかった。人民の苦しみは、主として不自由の苦しみではなく、貧困の苦しみであった。実のところ、それこそが郷里空間が発生し、発展した条件であり、民衆が腐敗官僚に反対しても、皇帝に反対しなかった心理的基盤であった。もっとも孫文は民権を論じたとき、一つの重要なポイントを飛ばした。中国の民衆の自由ではあるが政治能力を欠いているバラバラの砂の状態を、いかにして彼が期待するような、四億の民が四権を通じて監督を行い、五権分立に基づく「治権」の上に立つ「政権」へと転化させるかという問題である。国家が自由を獲得し、民族が解放されればおのずと生成される状態でないことは明らかであった。

（53） 孫中山「三民主義・民権主義　第二講」、『孫中山文集』上、団結出版社、一九九七年、一五七頁。日本語訳は、孫文『孫文選集』第一巻（山口一郎訳）、社会思想社、一九八五年、一六六頁。

この思想的任務は、当時は完成できなかった。しかし、それよりも重要だったのは、いまだ建国の事業が未完成だった歴史的段階において、孫文が中国の歴史が進む独特な状態をシャープに指摘したことであった。それは、中央集権（あるいは集権が不充分な専制）と地方分権（あるいは非分権的な自治）との錯綜した構造であった。この構造が錯綜していたのは、「中央」と「地方」の関係が直接的な対抗関係ではなく、また秩序立った結合でもなく、不確定さに満ちた流動的な構造だったからである。溝口が繰り返し論証したように、宋代以来、新しい天人合一イデオロギーのもと、天譴の道徳的圧力が王朝および膨大な官僚システムに脅威を与えるようになった。明末になると、里甲制が実質的に瓦解を始め、一条鞭法が執行されるにしたがって、皇帝権力と地主制統治の現実との間の矛盾や対立、大小地主の間、地主と佃戸・奴僕との間の矛盾が表面化し、さらに商工業が興隆することで、もともとの君・官―民の一元化イデオロギーでは、多様化した矛盾に対応できなくなった(54)。清朝中期になると、地丁銀制の確立によって、郷村地主の権利はさらに確固たるものになった。中央集権―地方分権の対立モデルではなく、郷紳など地方エリートが官と民の間を流動する不確定な形態になったことの帰結として、郷村社会は自ら公共の事柄を処理する能力を持つようになり、新しい情勢のもとでの社会矛盾に対応する歴史的な選択として、郷村エリートの主体的な運動がしだいに基層社会の「郷治」へと拡大した。郷治とは分権ではない分権であり、自治ではない自治であった。それは中央集権の官僚システムが処理できない公共の福利事業を扱うことを目的としながら、中央集権を覆したり中央集権に対抗したりすることを任務としなかった。孫文が強調したような、中国の民衆は自由には関心がなく財産にだけ関心があるという基本的状況を思い起こすならば、郷治の原則が公共の福利事業を主とし、地方の安全維持を要としたことも、充分に理解できるであろう。郷里空間と中央政権の関係は、宗族と郷紳が国家権力の末端を代行していたことと同じであり、郷里空間と国家権力の間の連続性と相補性は、緊急のときにのみ生まれる対抗性よりも大きかった。もちろん、こうした相互利用の性格は決してバラ色ではない。紳士と地方官僚の結託が黒い腐敗を生み出し、郷村自治の「善挙」の構造に暗い影をなげかけた。五四時代の主流イデオロギーは、その点を攻撃目標とした。しかし郷里空間の構造的な役割を問うならば、問題をここでとどめることはできない。歴史上、中国の郷村社会は王朝国家の末端としての機制を自己の内部に内在化させていた。はるか遠くにあった中央政府は、伝統的郷村社会にとって、租税を徴収するときだけ拒むことのできない存在、あるいはそのときにだけ真実の存在となった。匪賊の騒乱や民変などの動乱が起きても、さらにはアヘン戦争のような国家間の出来事が起きても、郷村社会は往々にして自己の武力によって解決した。郷紳の力が不断に強くなるにつれて、郷村社会の日常の運営は、「官」をもそのシステムに巻き込んだ。ひいては地方官僚の業務である日常的政務すらも、ときには「民」が主体的に関与し、推進した。(55) こうした基本的状況に基づいて、寺田浩明は以下のように

(54) 溝口雄三「二つの陽明学」参照。中国語版は『李卓吾・両種陽明学』。

(55) 寺田浩明「明清法秩序における「約」の性格」、溝口雄三ほか編『アジアから考える』第四巻「社会と国家」、東京大学出版会、一九九四年、を参照。寺田は史料に記載されていた事例を取り上げた。たとえば台湾銅羅湾八庄の連署者が同治一〇年に淡水分府に対して出した上申書「具稟」を見ると、次のような要請がなされていた。「規すたれば俗やぶれ」、地方で治安の悪化が甚だしいので、聚議し、李生員を「約首」として、匪徒の取締と治安の維持をしたい、匪徒逮捕時に不測の事態が起きたときに、一般殺人事件と同列に論じられてはたまらないので、「約首論戳」なる公印を李に給発していただきたい、と。地方官はその要請に対して、最初は受け入れようとしたが、結局のところは「公に仮りて私を済」せんとする試みにほかならないとして、退けた。また寺田は、「碑を抬《かつ》ぎて、県門に直竪《た》てり」の事例も論じた。抗租叛乱に参加した佃戸たちが、数千人の群衆を率いて、県門に押しかけ長官を挟制し、その主張を石碑に刻

分析した。

すなわち一般的・個別的な首唱を通じて人々を日々「約」してゆく行動こそが、表にある「私約」と「国法」、合約構造と宣示命令構造それぞれの内実を支え、また両極の間に広がる秩序の現実態を担っていた。……「国家」も分解してゆけば結局はそこに至る。(56)

こうしたことを考慮に入れれば、溝口が清末の辛亥革命のあとの「中央を欠いた」歴史的瞬間にかくも着目し、それに独特な意味を与えた理由は、言うまでもないだろう。

溝口の思想史研究は、こうした特定の中国政治構造の中で現実的な意味を持った。朱子学の「天理を存し人欲を滅す」と「格物致知」から、陽明学の「心即理」と「致良知」まで、また李卓吾の「童心説」から東林派の「反無善無悪論」まで、あるいは黄宗羲の「自私自利論」から顧炎武の「天下の興亡匹夫に責あり」、そして戴震の「克己復礼」まで、中国思想史は動乱の歴史の中で屈折しながら「万物一体の仁」の理念へと歩みを進めてきた。歴代の中国思想家は、不充分な集権的独裁と非分権的郷治の間の錯綜した関係に直面し、集権でも分権でも表現できない政治構造に直面したからこそ、ヨーロッパ思想とは異なる中国思想特有の発展の脈絡を生み出した。中国の民衆は非政治的な自由の状態において、天理の政治倫理的性格を手放さず、しだいに、西欧とも日本とも異なる道徳的な政治意識を形成した。こうした政治意識のもとで生じた注意すべき基本的な特徴は、人倫世界に内在した政治倫理の意識（天理自然）が、人為的な行政制度や法律よりも必ず上位にくることであった。中国民衆に分有されたこの法則は、今日にいたっても目に見えない形で中国社会に活きている。

溝口が中国思想史の歩みから読み取った情報は楽観的過ぎたかもしれない。彼自身もそれを意識していたと思われる。溝口はこう書いている。

> 戴震の時代はまだしも、民国に入った二十世紀においてさえのこの、人為の法に対する超人為の理の優位性、また理的天への底抜けのオプティミズムの伝統にはやや唖然とされるむきもあろうが、理的天に対するこのオプティミズムは初期マルキストのいわゆる歴史的必然に対するそれとほとんど同質であること、異論の余地はなかろう。天はここでは人民の理的天性におけるあやまたざる調和のすじめ、それのア・プリオリな至善性であり、それが超人為であるそのことが歴史的必然としての未来への信頼をもたらしている(57)。

言うまでもなく、伝統時代であれ近現代であれ、知識人が構想したような万物一体の仁を、中国社会が真に実現したことはない。むしろ、中国の歴史は重く、戦乱と災厄と動乱に満ちていた。歴史の重みを引き受けた「生民」が、直観的な意味において「満街みな聖人」を出現させることはなかった。彼らは生存のために頼り合い、助け合い、同時に生存のために暗闘を行った。郷紳階層は、宗族を基礎として、郷約と善挙によって郷里空間を維持すると同時に、自身の権力のメカニズムを築いた。しかし劣紳〔品行の劣悪な紳士〕としての特権を生み出す土壌も、同様に郷約という雑多な体系の中にあった。寺田浩明が述べた満員電車の「押しくら饅頭」のイメージは、現実生活において動態的なバランスがどのようにして維持

んで「例」とすることを要求したという。同書、八二―八三頁、一〇七頁。中国語版は『権利与冤抑　寺田浩明中国法史論集』、一四八―一四九頁、一七〇頁。

(56) 寺田浩明「明清法秩序における「約」の性格」、一一六頁。

(57) 溝口雄三「天人合一における中国的独自性」、七五三頁。中国語版は『中国的思惟世界』、三〇二頁。

されたかを非常に鮮やかに示した。寺田は同時に、史料の中に「人心不一」の語が大量に現れることも指摘した。これは全員の満足を得るのが難しいという現実的状況を示したのみならず、人心の変わりやすさという動態的な特質も示した。こうした高度に流動的な社会において、実定的な制度が真に拘束力を発揮することはできなかった。中国の社会秩序は、情理、習慣ないし風俗を基体として、動態的なバランスを維持した。法律と契約は、その意味において、第二義的だった。生民は個人として天理を行ったわけではないが、彼らを結びつけたロジックは天理であった。法制史学者の論述は一つの手がかりとして、別の面から溝口思想史の天理自然に関する仮説を支えた。滋賀秀三は大量の事例を分析し、伝統社会の民事裁判と民間契約に関する以下のような観点を出した。「法というものを、相争う二つの主体の間の権利と義務を画定するための厳しい準則として想念する考え方、そのような法を実定化して市民生活のあらゆる局面に対して紛争の決着を与え得るような完備した体系に造り上げるという発想、一言でいえば実定私法体系という着想そのものが、中国においてはそもそも起らなかった――或いは起りかけたとしても育たなかった――のである」。政権について言うと、司法は行政管理の一環として、民の父母たる皇帝が官僚機構を通じて施すところの社会管理作用として行使された。地方官は、一定の強制力を持っていたとはいえ、「聴訟」という手続きにおいては、主として情理に基づく判断に依拠することになった。聴訟は、中国の教諭的調停であり、厳格で完備した準則としての法を必要としなかった(58)。

日本の数世代にわたる中国法制史学者は、法学の角度から、溝口の思想史の視野と重なる問題を論じ、異なった角度から同じ問題意識を追究した。法学者たちは、中国において、社会の組織原理としての契約には発展の余地がなく、大量の流動的な契約は最終的に深層にある情理のロジックに吸収されたことを論証した。溝口が生涯をかけて追究したのは、その情理のロジックの内実であった。法学者たちが期せずして着目したことがある。教諭を調停の基礎とする行政システムにおいては、一方では高度に発達した刑法が存在したものの（これは李卓吾が『道古録』で批判したことでもある。統治者は天下の民にその生を遂げさせられないとき、政令と刑罰に頼らざるをえなくなっている）、国家を統治するロジックは政刑合一の方法そのものではなく、「情理」すなわち天理自然であった。溝口が中国の歴史の基体を論じた着眼点は、まさにこの国家を統治する基本的ロジックであった。さまざまな乱象や暗闇の深層を見つめて、彼は中国の歴史の脈動を捉えた。民意すなわち多数の私の要求に従うこと。それは明清以来、郷紳階級を主体とする民が、さまざまなやり方で、王朝に対してしだいに浸透させていった全体的な趨勢であった。官僚行政システムと紳士・生民の間の不確定な動態的関係は、こうした浸透の過程において、さまざまな変体を生み出した。法学者たちの明清時代の民間訴訟と定約に関する研究からはっきりと見て取れるのは、中国において官と民の関係は、単純な統治と被統治の関係であっただけでなく、はるかに複雑な「相互利用」の関係でもあったことである。民の側は、ある種の状況下では、官の抑止力やリソースを利用して望みを叶えることができた。官の側も、同じように、民の習慣や希求を利用して、自分たちの統治の目標を有効に実現させようとした。いわゆる「郷里空間」とは、実体的な意味における農村村落だけを指したのではない。それ以上に、官・紳・民の錯綜した複雑な力学関係を統合する政治の場であった。言うまでもないことながら、この政治の場において、天理自然が、道・心・誠・すじめなどのカテゴリーを通じて社会生活の価値観に

(58) 滋賀秀三『清代中国の法と裁判』、創文社、一九八四年、三六七—三六八頁。中国語版は滋賀秀三「清代訴訟制度之民事法源的考察」、『明清時期的民事審判与民間契約』、法律出版社、一九九八年、八四—八五頁。

浸透し、やがて「不斉の斉」を基盤とする「あらかじめ定められた和諧」のイデオロギーを生み出した。それが無意識のうちに浸透し、各世代の中国人に影響を与えた。ここでとくに注目すべきなのは、それによって中国社会が不平等、不公正、不道徳を取り除いたかどうかではない。「あらかじめ定められた和諧」のイデオロギーのために、西洋式の個人の権利と対等な契約関係を基準とする社会原理が、中国で生まれる可能性がなくなり、また必要もなくなったことである。

従来の分析では、こうした現実は「遅れた」ことの印とされてきた。近代以来、数世代の中国知識人も、個人の権利と契約精神を社会の組織原理として中国に導入しようと一貫して努力してきた。問題は、中国が近代の戦争と戦後冷戦構造の圧力のもとで国民国家にならざるをえなかったとしても、天理自然に基づいた下からの、国家行政システムとは根本において不整合であった「郷治運動」の伝統が、完全には消え去りえなかったことである。郷治の伝統において形成された社会の構成原理、すなわち溝口が論じた中国の歴史の「基体」は、今日でも中国の社会生活の基礎である。歴史が変化するにしたがって、かつて孫文が『三民主義』の講演で提起した西洋式三権分立に対する疑問も、今日ではしだいに共通認識になりつつある。契約精神は、社会構造の原理として、公平と公正の基本的問題を有効に解決しえない。伝統中国の強烈な「あらかじめ定められた和諧」の政治倫理の観念は、現在の世界にとって重要な意味を持つ要素を含んでいる。問題は、私たちがいかにしてそれを有効に取り出し、転化させるかである。

溝口は晩年に清末民国初の思想史研究に入ったが、大雑把な構想しか出すことができず、かつて李卓吾を研究し、朱子学と陽明学や東林派の関係を分析したときのような力強い分析をするには時間の余裕がなかった。それゆえ、彼の辛亥革命研究および現代中国の展望に、粗雑で単純なところがあったことは否めず、また天人合一の政治観の現代社会における複雑な変形や、万物一体の仁の政治理想の現代政治における意味の変化なども見落とされた。中国は一九世紀以降、外来の侵略のプレッシャーを受け、受動的に近代社会に開かれざるをえなくなった。この基本的事実によって、中国はもはや伝統社会の政治・経済秩序とイデオロギーだけに依拠して社会を維持できなくなり、多くの外部の要素を王朝システムの内部に導入せざるをえなくなった。同時に、辛亥革命後の歴史の歩みによって、中国は伝統社会とは異なる発展の道を求めなければならなくなった。しかし、私の見るところ、溝口が導き出した基本的なベクトルは依然として正しく、重要である。彼の近代中国に関する限られた論述の中で最も注目に値するのは、以下の二つの基本的な視野であった。第一の視野はこういうものである。中国の近代以降の建国の道とは、天下と生民、国家と国民という本来は矛盾する二つのカテゴリーが、極度に過酷な国際関係の中において駆け足で結合したプロセスであった。つまり、中国人の伝統的な天下観（伝統的な天下観を近代的な意味の「世界」や「国際」に牽強付会するのは問題である。ただ、ここでは紙幅の関係で省略する）と国家観が、近代において一体化した。「天下」は、民衆の「匹夫に責あり」の生活空間、および民衆の日常生活の倫理綱常の最低ラインでありながら、近代になると国家の役割へと投影された。他方で近代国家の主権意識と管理システムが持つ、すべてを覆い尽くしコントロールする能力も、国家と民衆の距離を縮め、それゆえ国家と国民の意識がより一層社会のさまざまなレベルに浸透することになった。しかし同時に、中国人の国民意識には、依然として「生民」の色彩を持った社会・文化的志向が色濃く残された。つまり、中国人の社会生活には、国家の次元よりもはるかに多元的なレベルがあった。国家と天下が結合したため、国家は道徳強化の役割を担わざるをえなくなり、政治・経済の領域において一層「天下をもって公となす」の理想を実現することが期待された。また国民と生民が結合したため、社会生活において、規範に合致しない行為、はては非合法な恣意的行為が異常に発達した。恣意的行為は、もとより社会の秩序の安定を妨げるものである。しかし逆から言うと、中国社会が今日でも継承している生民の特質にはプラス面もあるからこそ、中国の国民は主体的かつ自発的な相互扶助のメカニズムを強化し続けている。地震や洪水など大きな自然災害が発生すると中国人は互助精神を示し、通常の状態のもとでも弱者に対して自発的な支援を行っている。こうした通常「善人」の「美談」とされる社会現象が体現しているのは、郷里空間の生民特有の道徳的本能である。改革開放後、競争の提唱や政治腐敗といった問題のため、社会の道徳の最低ラインが下がりつつあるが、そのような状況下でも、今日の中国社会に残る基本的なメカニズムは、はっきりと観察することができる。政府によって主導される「社会主義核心価値観」は、和諧・誠実・善意など日常の生活倫理を強調しているが、それが向き合っているのは、いかにして道徳的なやり方で政治の裂け目を糾すかという古くからの課題である。他方で中国の国民は、「法制化」を不断に学び続けると同時に、定められた手続きによらず道徳感覚によって直接的に問題を解決する習慣も残している。溝口が提起した第一の視野を借りることで、中国社会が近代的な国家の機制を完備させていくとき依然として潜在的に残った天下と生民などの基本的要素に対して、より正しくかつ弾力性をもって慎重に向き合うことが可能になり、そのプラスの効果を有効に発揮させるための道筋を思考・探索することが可能になる。

第二の視野は、伝統社会が近代に変化したとき、西洋の政治経済制度や文化要素を導入したやり方に着目したことである。言い換えるならば、伝統社会のメカニズムが自己変革の歴史的瞬間に発揮した役割を問題にした。溝口はいくつかの論文で、外来の要素を転換したときの伝統の意味について初歩的に触れた。

たとえば「天下と国家、生民と国民」では、劉師培〔一八八四—一九一九〕の無政府主義の内容が、主として地方自治と代議制への反対であり、その真意は、当地の紳士が地方の主導権を把握することで生じかねない劣紳の苛政に対する警戒にあったと論じた。また「ある反「洋務」——劉錫鴻の場合」では、劉錫鴻〔?—一八九一〕を例として、反洋務派が必ずしも保守派ではなく、むしろ西洋をよく理解した識者であった可能性を指摘した。劉錫鴻がヨーロッパ式の洋務を中国で展開することに反対した理由は、彼の見るところ、西洋の長所をそのまま中国に導入したら、中国の国情のため、移入の過程において短所になりかねないからであった。劉師培が「無政府主義」を提唱するにいたった原因は、中国に政治的主体性を持った「市民社会」がすでに形成されていたからではなく、「地方自治」から生じかねない地方の悪覇の専制の危険性を劉師培が深く理解していたからであった。また劉錫鴻が洋務運動に反対した原因も、彼が国粋思想を持っていたからではなく、中国が「食っていく」問題を解決していない当時の状況下では、西洋の制度・技術の移入によって問題を解決することは不可能であると、彼が理解していたからであった。さらに「近代中国像は歪んでいないか——洋務と民権および中体西用と儒教」では、洋務派の官僚とみなされる南海知県の徐賡陛〔生没年不明〕を例として、徐が工場を閉鎖して豪戸の専利を抑えようとしたことの原因を分析した。また張之洞〔一八三七—一九〇九〕と梁啓超の対立について、官権と民権の対立であるばかりでなく、二つの異なった国家観の対立でもあるとした。(59) こうした分析は初歩的な視角を示し、転換期の中国が「天下」を「国家」に組み込みはじめたとき、さまざまな立場の官僚および社会のエリートが同一

(59) 以上の論文はすべて『方法としての中国』、東京大学出版会、一九八九年に収録。中国語版は『作為方法的中国』、三聯書店、二〇一一年。

の問題に直面したことを示している。その問題をまとめるとこうなる。清朝初期の封建論は、清朝時代全体を通して、地主階級が安定期に入ったあと権力の末端に回収され、既成事実となった。しかし基層から王朝の権力を強化したこうした「地方自治」は、多くの場合、経済における公権力の腐敗、あるいは公権力の私有化として完成することになり、上と下が秩序立って呼応する有機体の形成を意味しなかった。こうした情勢のため、清末に、洋務派と反洋務派、変法派と革命派がともに憂慮する事態となった。彼らの解決策はそれぞれ異なっていたが、根本において、緊密な関連性を持っていた。当時の困難の中で、清末中国の西洋議会制度の理解は、朝野を問わず、基本的には明末清初の封建論を背景として行われた。その結果、清末の議会制に関する議論は、しばしば郷土・里老・郷約などといった語彙に依拠し、議会制度が中国にもたらした問題は、中国にもとからあった困難の延長線上のものになった。その困難の核心は以下の点にあった。万物一体の仁を重視する伝統的政治理念は、専私を排斥する民間の声の力を借りて、明末以来、天下に合致する私を公とする社会の形態と認識を打ち出すことができた。しかし公天下をつねに強調し続けた道徳的政治観と、地主紳士階層が実際に基層の体制的政治に介入し続けたことの帰結として、いかにして「各々適所を得る」を真に実現するかという大同社会の問題が、有効に解決されなかった。清末になると、いわゆる洋務派と反洋務派が、ともに富裕層の特権に警戒を示した。この問題を「資本主義の中国における発展の阻害」あるいは「中央集権の専制」と単に帰結させてはならない。それは皇帝の大私への批判と地主富裕層の独占に対する警戒が、清末に特有のイデオロギーを形成したものであり、西洋由来の議会制度がこの歴史的瞬間に引き起こした矛盾は、当時の官僚およびエリート階層の冷静沈着な見識を示していると見るべきである。中国の郷治運動の成果およびそれによってもたらされた劣紳の危害は、いわゆる「市民社会理論」あるいは「平等な個人のあいだの契約関係」などといった西洋社会の構成原理によって解釈できるものではなく、また資本主義の市場競争による解決も望めないことは明らかである。この困難のゆえ、最終的には、辛亥革命は「聯省自治」の形で勃発した。そしてその後中国が近代国家をつくり中央集権を実行する政体を生み出す際の特有の難題が形作られた。

中国の歴史人類学者による大量のフィールド・ワークは、溝口の仮説が方向性として正しかったことを説得力豊かに実証した。溝口は、陽明学の「心即理」から李卓吾の「已むを容れざる」までの思想の系譜に、また明代中期以降の中国思想家たちの激烈な論争の中に、儒家の政治理想が王朝と官僚階層から民間社会へと浸透し発展したことを見出し、天理自然の観念が、上からのイデオロギーから、下からの民衆生活の権利の表現へと転化したことを見出した。溝口は東林派の郷村政治の実践から、また黄宗羲の皇権に抵抗しつつ王朝政治体制そのものは否定しない姿勢から、一六世紀以来の中国の歴史の歩みを読み取り、里甲制の解体と都市手工業・商業の勃興が資本主義に向かうことを意味しなかったこと、極めて流動的な社会の状態と郷里空間の成熟がもたらしたのが複雑に錯綜した政治と統治の形式であったこと、西洋では国家と社会へと区分できる二元体系が、中国の歴史では相互に浸透しあう不確定の関係になったことを見出した。溝口は、顧炎武の天下興亡に関する論述と戴震の克己復礼の解釈から、万物一体の仁の中国的「自然法」としての意味を読み取り、一つの基本的な事実を見て取った。中国社会が一貫して捨て去れなかったのは、幾世代にも受け継がれてきた「天下をもって公となす」の理念であった。こうした思想の脈動の中で、溝口は歴史の深部にある不可視のベクトルを探った。そのベクトルは、中国が辛亥革命以来の激烈な社会構造の変動を経たあと、いかにして近代的な国民の「天理自然」を生み出すかを決定づけた。

今日、中国の郷里空間は、形態としてだけ見ると瓦解に向かっている。しかし郷治運動は多元的な空間（都市空間のみならず、体制の空間までも含む）において、さまざまな形で静かに再生している。直観的な仕方による伝統と現代の類似性の比較を克服するならば、切迫した課題が私たちの前に現れる。すなわち、今日の中国社会で、さまざまな形態の「郷治」の要素について、どうすれば恣意性を抑制し、最大限の「プラスの作用」を果たすことが可能だろうか。北宋から南宋時期以来中国の思想家を悩ませた、道徳がいかにして政治の原点となるかというアポリアは、今日でも有効な解決が見出されていない。しかし、外来の制度の導入だけに依拠しては、はては制度の操作だけに依拠しては、この問題の解決がありえず、その分析には、緻密な思考の能力と豊かな歴史の想像力が求められることは明らかである。溝口はもはや私たちに新しい解釈を提起しない。彼はただ非直観的な思想の遺産を残しただけである。この遺産を解読し、新しい思考の道を見出すのは、溝口の課題ではない。それは私たちの責任なのである。

訳者あとがき

一

本書は孫歌著『思想史の中の日本と中国（思想史中的日本与中国）』の第Ⅰ部「歴史の「基体」を尋ねて」の翻訳である。原題にある「基体」とは、本書で論じられているように、溝口雄三氏の用語であり、本書は溝口雄三氏の思想を論じたものとなっている。

じつは、元の書籍は、遠山茂樹氏らの著書『昭和史』から始まった戦後日本の「昭和史論争」を扱った第Ⅱ部と合わせて一冊になっている。本書で扱われた溝口雄三氏の思想史研究と昭和史論争とは大きく離れているように思われるが、それを一つの構想において論じたところに孫歌氏の狙いがある。孫歌氏の構想の全体像を知るためには、ぜひとも第Ⅱ部の翻訳も手に取っていただきたい。

孫歌氏の詳しい紹介は不要であろう。日本でも『竹内好という問い』（岩波書店、二〇〇五年）、『アジアを語ることのジレンマ』（岩波書店、二〇〇二年）、『歴史の交差点に立って』（日本経済評論社、二〇〇八年）、『北京便り』（岩波書店、二〇一五年）などの単著がある。日本思想史の優れた研究者であり、独自の鋭い視点から日本思想史上の諸問題を論じている。グローバル化が顕著な「日本研究」の中で、注目を集めている研究者である。同時に彼女は、現代中国を代表する知識人の一人でもあり、日本思想史を論じることで中国の思想空間に大きな影響を及ぼしている。現在の中国知識人の間では、思想的な課題として日本を論じることが多くの論者によって行われているが、その流れを生み出し、推進している中心人物である。

本書で孫歌氏が論じた溝口雄三氏は、日本の中国思想史研究者である。一九三二年生まれ、二〇一〇年没で、埼玉大学、一橋大学、東京大学、大東文化大学などで教鞭をとった。溝口氏の研究についての詳細は本書における孫歌氏の論述を参照してほしいが、明清時代の思想史研究からスタートして、広く中国研究について発言し、行動した。単著として、本書で孫歌氏が詳しく論じた『中国前近代思想の屈折と展開』（東京大学出版会、一九八〇年）のほか、『李卓吾――正道を歩む異端』（集英社、一九八五年）、『方法としての中国』（東京大学出版会、一九八九年）、『中国の公と私』（研文出版、一九九五年）、『公私』（三省堂、一九九六年）、『中国の衝撃』（東京大学出版会、二〇〇四年）、『〈中国思想〉再発見』（左右社、二〇一〇年）などがある。

孫歌氏と溝口雄三氏との直接の交流として触れなければならないのは、一九九七年から二〇〇三年まで続けられた「日中・知の共同体」プロジェクトである。このプロジェクトは、自国のあり方を批判的に考え、社会的・歴史的な責任を担おうとした両国の知識人が、広い視野から問題を語りあう場を作ろうとしたものであった。プロジェクトを生み出した発端が孫歌氏と溝口氏の会話であったと言われ、文字通り二人で運動を牽引した。

このプロジェクトが一九九七年に始まったことは、おそらく偶然ではないだろう。日中関係は一九八〇年代に黄金期を謳歌したと言われているが、一九八九年の天安門事件を経て日本の対中感情が悪化し、さらに一九九〇年代末になると歴史問題などが浮上して、両国関係がきしみはじめた。溝口氏や孫歌氏の当時の文章を読むと、たとえば西尾幹二著『国民の歴史』にしばしば触れている。いわゆる歴史認識をめぐって論争がなされた時期であった。単純化された民族意識や狭隘な国益をいかに突破するかという、ある意味では現在まで続く問題が、知的な課題として浮上した時期であった。

このプロジェクトは一定の成果をあげた。国際交流基金の支援を受けて持続的な活動を展開し、日本と中国の代表的な知識人の多くが、なんらかの形で参加した。さらに日本の岩波書店、中国の三聯書店など出版社の賛同を得て、活動の成果が日中両国で発表された。プロジェクト以前にはほとんど正面から向き合ったことのなかった両国知識人が、本格的な相互交流と相互理解を始めた。国際的な知識人が共有できる場を作り、一国にとどまらない問題を共同で議論するという、現在まで続く知識界の活動の基礎を作ったと考えることができるだろう。

忘れてはならないのは、相互理解には大きな困難とチャレンジが伴ったことである。溝口氏が興味深い事例を紹介している。「二〇〇一年一月の北京での会議のテーマとしてわれわれ日本側が提案した「日中間の歴史認識問題」に対して、彼らが内陸部の農村問題を国際的にさし迫った問題として逆提案してきたときには、階段を踏みちがえたような意外感に襲われずにはいられなかった。……日中問題を真面目に考えている日本の知識人にとって、「日中間の歴史認識問題」は両国間の懸案事項の一つとして、避けて通れない課題と自覚されてきたのに対し、中国の知識界では、「謝罪しない日本人」にわだかまる中国の国民一般の感情とは違って、「歴史認識問題」は必ずしも重要課題とはなっていないのだった。察するにそれは彼らにとって、相互に議論する問題というよりはおそらく「あなた方日本人」の道義の問題でしかないと見なされている」(『中国の衝撃』、一―二頁)。

他方で孫歌氏は歴史認識の問題に積極的に介入した。「日中戦争――感情と記憶の構図」(『世界』二〇〇〇年四月号)で日中戦争の記憶をいかに扱うかを論じ、「感情記憶」をめぐる議論を提起した。孫歌氏の論考は話題を呼び、主として『世界』誌上で議論がなされた。ここで議論の細部に入ることは避けるが、ときには激しく、チャレンジングな議論がなされた。議論の中で、孫歌氏は一貫して、「歴史」をいかに認識するかという思想的かつ原理的な問題を論じ続けた。

こうした知的な衝撃を伴う交流を重ねることで、孫歌氏と溝口氏は自らの思想課題を深めた。孫歌氏はこの活動によって「日本思想史に入る皮膚感覚を自分のものにし始めた」(『アジアを語ることのジレンマ』、二一頁)と述べている。彼女は竹内好に取り組み、丸山眞男を論じ、日本思想の諸問題に分け入ったが、その基底にこのプロジェクトで得た経験があったことは想像に難くない。

孫歌氏が溝口氏の研究に関心を持ったのも、その中であった。孫歌氏は溝口氏との対談で興味深いことを述べている。彼女はベンヤミンの歴史哲学を読んだ後に溝口氏の『中国前近代思想の屈折と展開』を読み、溝口氏の著書から「いかにして歴史に入るか」という問題を見出したという(『アジアを語ることのジレンマ』、二二六頁)。孫歌氏にとって溝口氏の思想は、はじめから歴史をいかに認識するかという問題圏にあったことがうかがえる。しかし孫歌氏が「日中・知の共同体」プロジェクトで溝口氏を直接的に論じることはなかった。彼女が溝口氏の思想を正面から論じたのは、一〇年以上後の本書であった。それまでの間に孫歌氏は、日本思想を論じると同時に、中国の問題についても考察を深めていった。以下、孫歌氏の近年の思考について、本書を読む際に参照軸となるポイントをいくつか紹介しよう。

二

近年中国で「華南研究」という歴史人類学を掲げる学術グループが注目されている。華南研究グループは、アナール派の歴史人類学の概念から影響を受けつつ、中国における歴史学と人類学の研究成果を受け継ぎ、歴史学の文献研究と人類学のフィールド・ワークを結合させて、地域社会を研究し、とくに地域に根ざした視点から中国伝統社会の特質を明らかにした。華南研究というが、厳密には華南地域だけを研究するのではなく、むしろ地域社会に対する人類学的な研究を踏まえて、中央発の歴史とは異なる中国社会の姿を描き出している。具体的には、たとえば、王朝制度と地方の原動力、地域文化の多元性と統一性、周辺と中心、個人と社会の関係、流動的なアイデンティティーの問題などが論じられている（劉志偉・姜娜「〝華南研究〟——歴史人類学の願望」、『中国——社会と文化』第三三号参照）。

孫歌氏は、このグループの中心人物である劉志偉氏と近年交流を続けている。劉志偉氏を含む華南研究グループは、厳格な学術的手続きにのっとって研究論文を発表し、主として歴史学のアカデミズムで活躍しているが、孫歌氏はそこから思想史にもつながる問題を見出した。二人の対談は共著『歴史の中で中国を探る（在歴史中尋找中国）』（大家良友書局、二〇一四年）として出版された。

この共著は、中国華南地域をフィールドとする歴史人類学者と日本思想史学者という専門領域の大きく離れた学者が、それぞれ自分の専門を開いて共通の問題意識を語ることで、現在の学術研究の基本に触れる大きな問題を提起したとともに、それぞれの専門領域を大きな枠組みの中に明確に位置づけたものとなっている。異分野の対談として理想的な効果をあげた著作と言えるだろう。本書に関連して重要なのは、この対談をしたとき孫歌氏が溝口氏の翻訳をしていたこと、さらに劉志偉氏が明清時代を主たる対象とする研究者であったことにより、明清時代の歴史人類学と思想史の交差が発生し、のちに本書の叙述に発展することになる問題関心が見て取れることである。

『歴史の中で中国を探る』は、孫歌氏のまえがき、劉志偉氏のあとがき、付録を除いて、七章からなっている。各章の見出しを見るだけでも、問題関心の在処がうかがえる。「国家の歴史から人の歴史へ」、「形而下の理と普遍性の想像」、「人の行為からスタートする制度史研究」、「「中心」と「辺境」」、「部分と全体」、「地域研究における「国家」」、「中国の原理を探し求めて」となっている。

劉志偉氏のスタイルを最もよく示したのは、対談の最後におかれた言葉であろう。彼は「私たちが追い求めるのは、郷村に行き、フィールドに入り、人の感情と行為に触れ、人の世界に入り、歴史の現場でテクストを読み、同情的理解を試み、中国の歴史を書き直すことです」(『在歴史中尋找中国』、一二九頁)と述べた。それは歴史人類学の終極的目標でもある。興味深いことに、孫歌氏との対談の中で、その目標は「人の歴史」への注目とまとめられた。伝統的歴史学は国家を主体とする「国家の歴史」であったのに対して、劉志偉氏は、人を主体として、あらゆる歴史活動を人の存在およびその表現として見ると述べた。一人ひとりは、自分個人の目的と習慣に基づいて行動をするが、それは同時に他人との関係に制約を受け、社会構造や制度的環境の制約を受けるものであり、その結果、個人の実践はつねに変化し続けることになる。歴史人類学はそのプロセスを全体として捉え、変化のメカニズムを明らかにしようとするという。

二人の対談では、国家を単位とすることなく一人ひとりに注目すること、変化の動態的なメカニズムを重視することなど、重要な視点において一致をみせたあと、主として孫歌氏のリードのもと、普遍性の問題が論じられた。一人ひとりを動態的に見るという視点は、通常の考えでは、超越的とされる普遍性と相容れない。しかし孫歌氏は「人の歴史」の立場から普遍性を別の意味へと開くことを試みた。普遍性を別の意味で定義しようという試みは、孫歌氏が溝口氏のテクストと取り組んでいたとき、どのような問題を考えていたかをはっきり示していると思われる。対談をする中で、劉志偉氏が話を進めたのは、国家と地方をどのように考えるかという問題であった。

劉志偉氏はまず、個別の出来事を、なにかの部分としてではなく、一つの全体として捉える視点を強調した。その上で、国家について、一つの村もしくは地域の外に存在する政治権力ではなく、地域に内在するものとして、全体的な構造を構成する一つの要素として見ることを提起した。地域における具体的な存在のあり方に着目するならば、国家も、一人ひとりの行為と観念の中に現れるという。そこからさらに進めて、国家と社会を分離したものと考える視点に同意しないと述べた。西洋のモデルに基づいて、国家と社会の対立を見ようとしても、中国の王朝体制を捉えることはできないという。

この見方が孫歌氏の読解した溝口氏の思想史とつながっていることは容易に見て取れるだろう。孫歌氏は繰り返し、李卓吾を西洋式市民社会のカテゴリーで語ることはできないこと、李卓吾をはじめとする中国の前近代思想は、王朝体制を全面的に否定する方向に向かわず、食べることと着ることといった民衆の日常的な欲望を哲学的に処理する方向に向かったことなどを述べた。そうした思考と劉志偉氏の思考は明らかに通じている。

本書の最後、なかば唐突に、「中国の歴史人類学者による大量のフィールド・ワークは、溝口の仮説が方向性として正しかったことを説得力豊かに実証した」という一文が登場する。孫歌氏が述べた「歴史人類学者」が、劉志偉氏を代表するグループを指していることは言うまでもない。重要なのは、この一文が実際の学術的系譜を踏まえていることである。劉志偉氏を含む歴史人類学者は、溝口氏が編者として中心的な役割を果たした「アジアから考える」という東京大学出版会から出版されたシリーズから大きな影響を受けたという。つまりこういうことになる。溝口氏は自らの思想史研究に基づき、視野を広げ、方向性を共有できる研究者と集って、「アジアから考える」というシリーズを編集した。そのシリーズを一つの契機として、中国の研究者がフィールド・ワークを進め、歴史人類学を発展させた。そして歴史人類学の成果との対話を通じて、孫歌氏が、溝口氏の思想史の持つ意義をあらためて掘り起こした。本書には、そのような学術的ダイナミズムも刻印されている。

劉志偉氏たち歴史人類学者が影響を受けたのは「アジアから考える」というシリーズであった。つまり溝口氏の思想史、劉志偉氏の歴史人類学、さらには孫歌氏の思想史も、アジアを念頭に置いている。ここに孫歌氏の本書を読むための第二のポイントがある。

三

孫歌氏が日本で出版した最初の単著が『アジアを語ることのジレンマ』であったことに現れているように、彼女はアジアの視点を強く意識した研究者として知られている。竹内好や日本思想を論じるときも、アジアの眼差しが意識されていた。日本思想を一国内に限定させず、アジアの観点から論じたことは、孫歌氏の大きな功績と言えるだろう。同じように、中国を論じる際にも、アジアの視点を重視している。じつは中国の学術界ではアジアはさほど注目されていなかった。日本でアジア論が脈々と生み出されてきたことと比較すると、中国でアジア論と呼べる言説は少ない。その中で孫歌氏は、意識的にアジアを意識して中国を論じた研究者である。

『アジアを語ることのジレンマ』の冒頭に置かれた「アジアという思考空間」は、台湾で出版された孫歌氏の著書の序文を日本語に翻訳したものである。この文章には、中国大陸出身の研究者が、日本思想を研究しながら、台湾や韓国に赴いてアジア各地の研究者と交流をして、思考を深めたプロセスが書き込まれている。それを日本語にすることを含めて、アジア各地を身体的かつ思想的に移動してきたことがうかがえる。

そこから「アジアとは何を意味しているのか」(『思想』二〇〇六年六月号・七月号に掲載)のような重要な論考が生まれた。この論考は日本思想におけるアジア論を整理したものである。その整理は孫歌氏らしい鋭敏なものであった。しかし孫歌氏自身は不満を感じていたようである。彼女はその後もアジアの問題を考え続けた。その一連の思索の現段階における一つの回答として、二〇一九年に出版された『アジアを探って(尋找亜洲)』(貴州人民出版社、二〇一九年)がある。この著作は、「世界を認識するもう一つの方法を創造する」という副題のとおり、アジアの問題を考えることが世界を認識する方法に関わると論じるものであった。まえがきで孫歌氏は、自らが感じる困惑を以下のように述べた。

私が探し求めているのは、成立可能な論述のカテゴリーである。西洋によって他者として命名されたという起点、アジアの多様性と開放性、西洋を自身に内在化させるという近代以来蒙らざるをえなかった被植民のプロセス、自足的なロジックとして統一体に整合できないという現実、こうしたことすべてが、人々を困惑させてきた理由であった。すなわち整合できない対象、西洋を自己の外部に置くことのできない地域であった。反植民の民族独立運動を経過したものの、明らかな非自足性と整合不可能な多様性を持っている。いかにして自身を独立した論述のカテゴリーとすることができるだろうか。(『尋找亜洲』、「写在前面」、二頁)

すなわち孫歌氏は、日本においてアジアをめぐる言説が大量に生産されていても、アジアが自足的なロジックとなれないこと、一つの統一体として整合できないことに留意し続けた。西洋の他者として、西洋を軸としてしか、アジアを語ることはできない。近年では文化多元主義の立場からアジアの多様性が称揚されることもあるが、それとてアジアの個別性が語られるだけで、整合的に語ることはできていない。アジアの多様性を、アジアの問題として論じるカテゴリーは、いまだ成立していないのではないだろうか。孫歌氏はそのような問題意識のもと、思索を続けた。

そのとき問題になるのは、アジアを実体として考えることの危険性であった。たとえば孫歌氏も参考にしたと思われる竹内好のアジア主義の議論がある。竹内好は日本のアジア主義をたどり直し、日本において意味を持ちうる思想の力を読み込もうとした。しかし日本のアジア主義は、言うまでもなく、負の歴史と結びついていた。もしアジアを実体化して捉え、アジア主義を実体としてのアジアに向かう思想とみるならば、容易に侵略思想に転化する。あるいは過去の侵略戦争の容認になりかねない。そのような批判を、竹内は実際に受けた。植民地主義の傷痕が生々しく残っている状況から出発すれば、竹内好の言説に対して、植民地主義の危険性を充分に認識しなかったのではないかという批判にも、正当性がないわけではない。孫歌氏は、おそらく、そうした批判を踏まえた上で、問題を進めようと試みた。すなわち、民衆の生活レベルに即した下からの視点、「人の歴史」の視点を貫きながら、アジアを実体化することを避け、アジアを整合しうる論述を生み出そうと模索した。

ここで孫歌氏が劉志偉氏との対話において普遍性を問うていたこと、部分と全体の問題が語られたことなどを思い出したい。孫歌氏は、いわば劉志偉氏たち歴史人類学との対話から示唆を受けながら、アジアを一つの全体として整合的に語りうる論述を生み出そうとしたと考えられる。別の言い方をするならば、本書は日本の中国思想史研究の議論、および中国の歴史の原動力をどう見るかなどの諸問題を論じているが、その背景にはアジアをいかに論述するかという問題があった。

孫歌氏の態度が暗示しているのは、中国の問題を考えるためにはアジアの視野が必要であること、また逆に、アジアの問題を考えるときに中国の問題が手がかりになることであろう。もちろん中国がアジアを代表しているからではない。そのように外在的にアジアと中国を捉えることは、部分と全体を対立させる思考と同じである。中国をアジアの一部分ではなく、一つの全体として見ることで、中国の民衆世界の全体的な構造の中においてアジアを考えることができる。またアジアを考えなければ、中国の民衆世界の全体的な構造は見えてこない。そのような内在的な関係として、中国とアジアを捉えるべきである。

それはおそらく、溝口氏が「アジアから考える」というシリーズを構想したとき、どれほど意識していたかは不明なものの、たどりついた地点でもあるだろう。少なくとも孫歌氏はそのような思考の系譜において溝口氏の思想史を読み解いた。すなわち孫歌氏は、歴史人類学者と交流を続け、他方でアジアについての思索を深めながら、溝口氏の著作の翻訳を行い、そこで成熟させた思考の精華を本書において表現したと考えられる。

ここまでの整理において焦点となったのは、普遍性であった。じつは孫歌氏が普遍性をめぐる議論を成熟させるには、もう一つ重要な参照軸があった。

四

孫歌氏は普遍性を語るとき、しばしば中国の哲学者陳嘉映氏の議論を参照した。陳嘉映氏はハイデガーやヴィトゲンシュタインの研究で著名な研究者である。陳嘉映氏は『普遍性種種』（華夏出版社、二〇一一年）などの著作を出し、主としてヴィトゲンシュタインを応用しながら、「多種の普遍性」という概念を提起した。彼によると、すべての個別性を統轄するような唯一の超越的な普遍性は、原理的に言っても存在しえないという。そこから、普遍性は個別なものの上に立つという神話を捨て、普遍性を、それぞれ特殊な個別性が相互に結びつくための基準や原則と読み替えることを提唱した。

その上で彼は、翻訳を例として、開放的な普遍性のモデルを提起した。翻訳とは異なった言語の間で意味を通じさせる行為である。彼は、翻訳に現れるような個別性をつなげる作用を、普遍性と考えた。そこにおいて普遍性は、個別性に意味を与える存在ではなく、個別性の間の中間地帯となった。したがって普遍性は、それ自体では意味を持たず、複数の個別性が重なり合う部分にのみ存在することになった。つまり普遍性とは差異に対する探究となり、多様な個別性を開放的に実現するプロセスとなった。

陳嘉映氏の議論は思弁的かつ哲学的であり、そのまま中国思想、あるいはアジア論に適応させることは難しい。しかし普遍性を個々の事物の上に立つ唯一の本質と定義することを斥け、普遍と個別の関係性を根本から転換させた議論が、劉志偉氏との対話やアジアの探究において普遍性を別の意味に開こうと試みていた孫歌氏に、大きな啓発を与えたことは想像に難くない。

本書の上編第五節「「形而下の理」——オルタナティブな普遍の原理を求めて」には、普遍をめぐる孫歌氏の思考が集約的に記されている。この論述が陳嘉映氏から啓示を受けたものであることは容易に見て取れる。ここで注意したいのは、孫歌氏の普遍に関する議論では、つねに認識の枠組みが問題とされたことである。

本書で「認識の枠組み」と訳した語は、中国語の原文では「認識論」となっている。「認識論」とそのまま使うと哲学の用語になるため説明的な訳語を使ったが、孫歌氏が問題としたのは、認識のあり方に関わる議論であった。フーコー的な意味におけるエピステーメーが近いかもしれない。もっとも孫歌氏が問題とした次元は、フーコーと同じではない。孫歌氏は、人々がものを認識するとき習慣的に当たり前と考えている思考の枠組みを根底から疑い、揺り動かすことを企図している。当たり前を疑い、自分の認識の前提を問い直し、自らの思考を開放的なものにして、新しいものの見方を受け入れること、それが孫歌氏の問い続けた「認識論」あるいは認識の枠組みに関する議論であった。すなわち、孫歌氏が普遍を問い続けたのは、新しい一つの普遍を立てるためではなかった。普遍を考えることが、認識の枠組みを問い直す核心だったからである。

思えば孫歌氏は、早い段階から認識のあり方を考え続けてきた。日本思想を本格的に論じたとき、竹内好を対象としたことにも、それは現れている。竹内好は、よく言われるように、体系的な思想を残した思想家ではないし、またアカデミックな業績をあげた研究者でもなかった。思想家あるいは研究者の基準で竹内好の文章を読めば、多くの欠点が容易に見つかる。竹内好が一貫して問題にしたのは、日本人の認識のあり方であった。たとえば日本人の中国認識が根本的に中国の流れを捉えていないことを繰り返し論じた。また明治以来の日本においてアジアを認識するチャンスがありながらそれを逃した歴史的プロセスを論じた。竹内好が現在でも魅力的なのは、認識の枠組みに関する挑発的な議論を残しているからだと思われる。そして孫歌氏の竹内論は、その点を明確に打ち出したものであった。

そのように考えたとき、本書における孫歌氏の論述が、竹内論以来の彼女の問題意識の延長線上にあることが見て取れる。竹内好と溝口氏は、生きた時代も、問題とした対象も、また思想の形も異なった。本書で触れられたように、溝口氏はかつて激しい竹内批判をしたことすらあった。しかし孫歌氏は、表面的な師承関係とは異なる次元において、認識の枠組みを根底から問い直す思想として、両者を同じ地平で論じる視点を見出した。それが重要なのは、言うまでもなく、価値観が大きく変容していると言われる現在、認識を根底から考え直すことが必要だからである。

ただし本書の議論を、中国の研究者が西洋をモデルとした評価の基準に異議を唱え、西洋に代わる中国本位の認識を打ち立て、中国を中心とする普遍性を提起しようとしたものだと見るとしたら、それは孫歌氏の議論の生産性を見逃していると言わざるをえない。現実の地政学的状況として、二一世紀に入って中国の影響力が高まり、中国が旧来の国際秩序を組みかえようとしているのではないかと脅威論が語られている。しかしそうした現実政治のコンテクストを過度に強調しては、孫歌氏の文章の最も強力な意義は読み取れない。劉志偉氏との対談でつねに変化するダイナミズムが強調されていたこと、陳嘉映氏の議論で多種の開放的な普遍性が語られていたこと、さらに本書の中で孫歌氏が「動態的な歴史のメカニズム」という表現を繰り返し使っていることなどを想起するならば、西洋と中国の関係も、静態的な対立関係とは見なされていないと考えるべきだろう。むしろ孫歌氏が試みているのは、西洋と中国を単純な対立関係に捉える認識そのものを打破することである。

しかし結論を急ぐべきではないかもしれない。本書で論じられたのは、溝口氏の思想を精緻に読み解くことを通じて、中国の歴史の「基体」に迫ろうとする思考の運動であった。まずはそのような思考をたどることが、本書を読む醍醐味である。そうした読書行為の先にのみ、認識の枠組みを問い直す可能性が生まれうると思われる。

＊

本書の翻訳には思いのほか時間がかかってしまった。主たる理由は訳者の力不足であるが、孫歌氏の突き詰めた思索からほとばしり出る張りつめた表現を、容易に日本語にできなかったことが大きい。それに加えて本書は、孫歌氏が溝口氏の思想と格闘した結晶であると同時に、溝口氏が李卓吾と格闘した痕跡を、孫歌氏がさらに考え抜くという入り組んだ構造になっている。つまり、孫歌氏の思索、溝口氏の思考、李卓吾の思想が複雑に交錯する独特な文体となっている。文体自体が持つ複層性を的確に訳せなかったことは、読者の皆さまにお詫び申し上げたい。

李卓吾の訳は、基本的に溝口氏の二つの翻訳、すなわち『中国前近代思想の屈折と展開』に引用された訳と入矢義高編『近世随筆集』所収の訳を利用した。溝口氏の李卓吾訳には彼の解釈が込められている。本書の論述の理解のため、溝口氏の李卓吾解釈にしたがった。ただし『近世随筆集』と『中国前近代思想の屈折と展開』の間には一〇年近い時間がたっており、溝口氏の解釈も多少変化している。そこで後に出版された『中国前近代思想の屈折と展開』に翻訳がある場合はそちらを用いた。本来ならば二つの翻訳の解釈を統一させる作業を本書の翻訳で行うべきであろうが、力が及ばなかった。また出版された溝口氏の訳がない場合は、訳者が翻訳を試みるしかなかった。その部分は明治大学政治経済学部の本間次彦教授に監修していただいた。本間教授に深くお礼申し上げる。

本書の翻訳をしている間に、訳者である鈴木は、あたかも溝口氏に導かれるように、一橋大学から東京大学に所属を変えた。一橋大学言語社会研究科および東京大学人文社会系研究科の同僚にはさまざまな形で助けられた。

本書の元となる中国語版は、上海交通大学出版社から出版された。上海交通大学出版社の趙斌瑋氏は本書の出版に大きな力を尽くしてくれた。あわせてお礼を申し上げる。なお中国語の原書は、二〇一九年の東アジア出版著作賞を受賞した。

本書の日本語版出版にあたっては、企画から編集まで、東京大学出版会の後藤健介氏と榎本明生氏のお世話になった。

そして最後に、ご本人が優れた日本語感覚の持ち主であるにもかかわらず、訳者の翻訳作業を信頼してくれ、さらに大きな問題から翻訳の細部まで、質問に丁寧に対応してくれた孫歌氏に、最大限のお礼を申し上げたい。

索　引

あ　行

か　行

さ　行

た　行

な　行

孫　歌（そん・か／Sun Ge）中国社会科学院文学研究所研究員・北京第二外国語学院特聘教授（中国文学・日本思想研究）。日本語による著書に、『アジアを語ることのジレンマ』（2002年，岩波書店）、『竹内好という問い』（2005年、岩波書店）、『歴史の交差点に立って』（2008年、日本経済評論社）、『北京便り』（2015年、岩波書店）ほか。中国における溝口雄三著作集（三聯書店）の監修を担当。
鈴木将久（すずき・まさひさ）［訳者］東京大学大学院人文社会系研究科教授。東京大学大学院人文社会系研究科博士課程修了、明治大学、一橋大学教授などを経て現職。主要編著書に『上海モダニズム』（2012年、中国文庫）、『竹内好セレクション』（共編著、2006年、日本経済評論社）、ほか。編訳書に賀照田『中国が世界に深く入りはじめたとき』（2014年、青土社）ほか。

思想史の中の日本と中国　第I部
歴史の「基体」を尋ねて

2020年11月30日　初　版

［検印廃止］

著　者　孫　歌
訳　者　鈴木将久
発行所　一般財団法人　東京大学出版会
代表者　吉見俊哉
153-0041 東京都目黒区駒場 4-5-29
http://www.utp.or.jp/
電話　03-6407-1069　Fax　03-6407-1991
振替　00160-6-59964
印刷所　株式会社理想社
製本所　牧製本印刷株式会社

ISBN 978-4-13-010148-6　Printed in Japan